KB268025

이수열의

축구전술
리포트

초판 1쇄 인쇄 2012년 02월 13일
초판 1쇄 발행 2012년 02월 20일

지은이 | 이수열
펴낸이 | 손형국
펴낸곳 | (주)에세이퍼블리싱
출판등록 | 2004. 12. 1(제2011-77호)
주소 | 153-786 서울시 금천구 가산동 371-28 우림라이온스밸리 C동 101호
홈페이지 | www.book.co.kr
전화번호 | (02)2026-5777
팩스 | (02)2026-5747

ISBN 978-89-6023-762-9 13690

이수열의 축구전술 리포트

이수열 글

ESSAY

머 리 말

어느 덧, 길었던 저의 대학생활이 종착점에 다다랐습니다. 물론, 당장 졸업하는 것은 아니지만, 사실상 끝자락에 와있습니다. 이를 뭔가 의미있게 마무리하고 싶다는 생각이 들었습니다. 여러 가지를 생각하던 중, 그 일환으로 '큰 마음먹고' 이 책을 내기로 결심했습니다.

이 책은 2010 남아공 월드컵 이후, 약 1년 6개월 간 제가 한국축구신문에 기고한 축구 칼럼을 엮어 구성한 일종의 '묶음집'입니다. 70여 편의 칼럼 중, 약 50편 정도를 선별하여 4개 파트로 다시 종합-재구성한 것으로 '전술 변천사'·'전술의 개념'·'현대 축구계 전술 평론'·'선수의 조건' 등등의 내용이 주를 이루고 있습니다.

내용적인 측면이 대체로 System의 개념과 활용에 대한 '큰 틀'에 맞추어져 있기 때문에, '실전적인 디테일한 부분'을 필요로하는 프로팀이나 대학팀 보다는, 배움과 경험이 필요한 자라나는 유소년 축구팀들, 특히 고교 축구팀들에 상대적으로 더 도움이 될 것이라 생각했습니다.

그래서 이 책을 전국의 고교 축구팀에 전달하기로 마음먹었습니다. 아무쪼록 이 책이, 대한민국 축구의 '직접적인 미래'인 고교 선수 및 지도자분들의 지식 함양과 경기력 향상에 조금이나마 도움이 될 수 있길 바랍니다.

목차

01

System 변천사 (90년대~)

　미드필드-수비가 플랫 구도를 나타내는 4-4-2 System이 명확히 그 모습을 드러내며 국제 축구 무대에 안착한 시기는 80년대 후기, 아리고 사키의 영향을 받은 때였다. 87년, 베를로스쿠니(전 이탈리아 총리이자, AC밀란 구단주)의 추천을 받아 AC밀란의 사령탑으로 부임한 아리고 사키는 이 System을 통해 88~89, 89~90 시즌 유럽 챔피언스컵 무대에서 팀을 정상에 올리며 주목받았다(그림 1). 물론, 이 같은 성과는 '반 바스텐-루드 굴리트-레이카르트로 대표되는 오렌지 삼총사를 비롯, 에바니, 도나도니, 안첼로티, 말디니, 바레시, 코스타쿠르타 등등 이탈리아 국가대표 출신 선수들이 대거 포함된 당시 AC밀란 팀 멤버 구성의 화려함이 만들어낸 결과'라고 그를 은연중에 비꼬는 자국내 축구인들도 적지 않았으나, 국제 축구계는 대체로 90 이탈리아 월드컵 이후, 3-5-2 System의 비효율성에 대한 대안을 찾는 과정에서 아리고 사키의 4-4-2 System에 주목했다. 그렇다면, 당시 아리고 사키의 4-4-2 System은 어떤 매력이 있길래 국제 축구계가 90년대에 이르러 이를 본격적으로 주목하게 되었을까?

(그림 1) 88-89 시즌, AC 밀란 포메이션

압박축구를 중시하게 된 당시 시대적 흐름에서, 90 이탈리아 월드컵을 기점으로 대두된 3-5-2 System의 비효율성에 대해 국제 축구계가 깊이 인지하기 시작했다. 구체적으로, 3-5-2의 구조적인 특성상, 측면 수비 구역에 나타나는 넓은 공간과, 대인방어라는 특수한 수비 방법으로 인해 위치 이동이 유동적일 수 밖에 없는 스토퍼의 영향으로 리베로가 소극적인 방어에 사실상 필연적으로 묶이게 되는 3Back 운영상의 특성이 미드필더들의 활동부담을 크게 증폭시킨다는 것이 '주요점'이었다(그림 2).

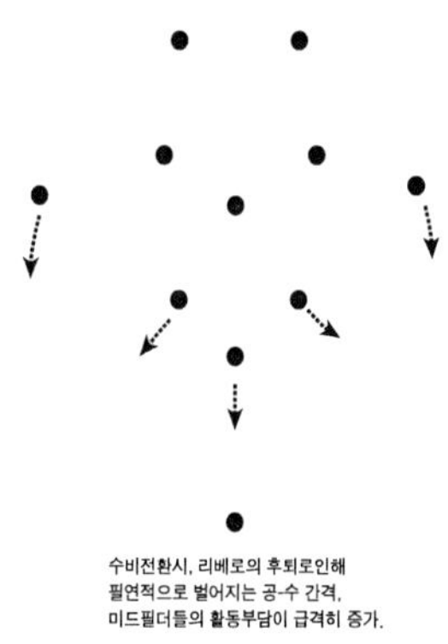

(그림 2) 3-5-2 System의 약점

이러한 이유로 국제 축구계는 유럽 챔피언스컵 무대에서 성공적인 행보를 이어갔던 아리고 사키의 4-4-2 System에 점차 시선을 두기 시작했다.

4-4-2 System은 기본적으로 그라운드 전체 공간, 즉, 좌측-중앙-우측의 공간을 2중으로 단단히 보호할 수 있다는 강점이 있고, 더욱이 지역방어에 근거하는 4백이 1자수비를 형성하는데 효력을 발휘했기 때문에, 수비라인의 깊은 지역 후퇴 빈도를 가급적 줄이며 경기를 진행시킬 수 있었다. 이는 곧, 공-수 폭이 벌어지는 것을 가능한 한 최대한 방지하며 수비 협력 대형, 즉 압박대형을 3-5-2 System에 비해 훨씬 능률적으로 구축할 수 있음을 의미하는 것이었다.

아리고 사키는 이 같은 강점에 주목하여 자신의 이상을 폈다. 구체적으로 팀의 조직 체계를 강화하여 공-수와 좌-우 폭, 즉 '플레이 공간'을 좁혀 유지하는데 주력하면서(30mX30m), 이를 토대로 높은 지역에서부터 볼에 '전체적'으로 '적극' 대항하는 '압박 축구'를 강조하며 적진 공간을 지배하는데 전술 운영의 초점을 두었다(골라인으로부터 약 40~30m) (그림 3).

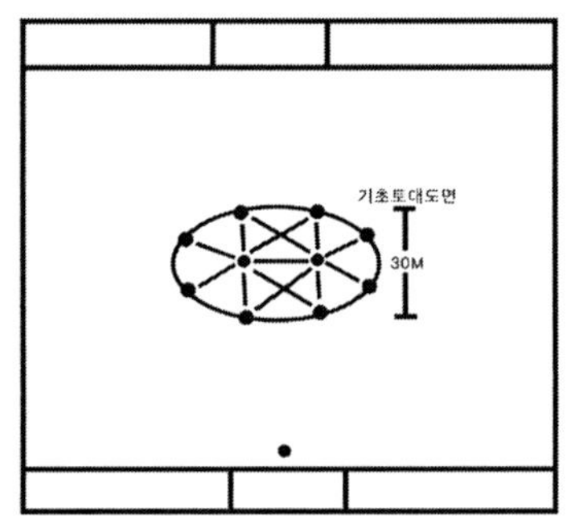

(그림 3) 아리고 사키가 추구한 4-4-2 System 운영의 기초도면

'공간을 장악한다'는 명제를 '희생되는 물리적 에너지의 양'을 상대적으로 최소화시키며 실현할 수 있다는 점은 '압박'이 새로운 트렌드로 떠오

르는 시대적 흐름에서 거부할 수 없는 큰 메리트였다. 실제로 4-4-2와 사키의 아이디어는 90 이탈리아 월드컵 이후 대유행의 기류를 탔고, 이러한 현상은 94 미국 월드컵에서 뚜렷하게 나타났다(당시 절반이 넘는 팀이 사키의 구상에 근거한 4-4-2 System을 메인으로 내세웠다. 90%가 넘는, 심지어 전통적으로 4백 신봉자였던 브라질과 잉글랜드마저 3-5-2 System을 채택했던 지난 대회와는 확연히 다른 양상이었다.).

이처럼, 3-5-2 System의 비효율성으로 인해 상대적으로 주목받게 되어 유행하게 된 사키의 4-4-2 System은 플레이 공간, 즉 공-수 사이 활동 공간이 갈수록 좁아지는 흐름을 낳았다. 이는 곧, '압박'의 심화 및 '탈압박'을 위한 각 팀의 전술-기술-스피드 수준의 향상을 유도해 국제 축구의 발전을 빠르게 촉진시켰다.

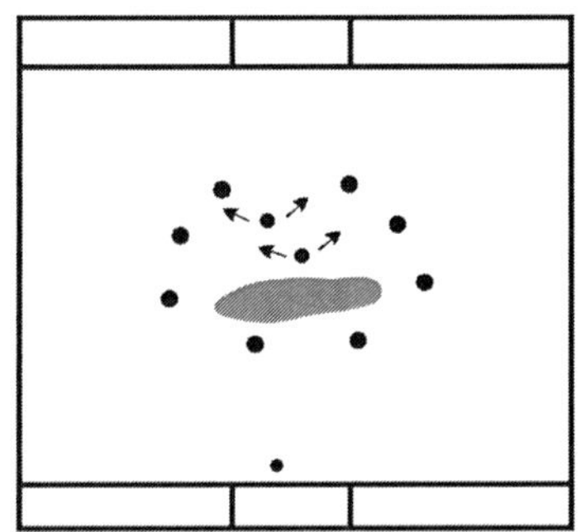

(그림 4) 4-4-2 System 공격 운영시, 엷어지는 미드필드 공간

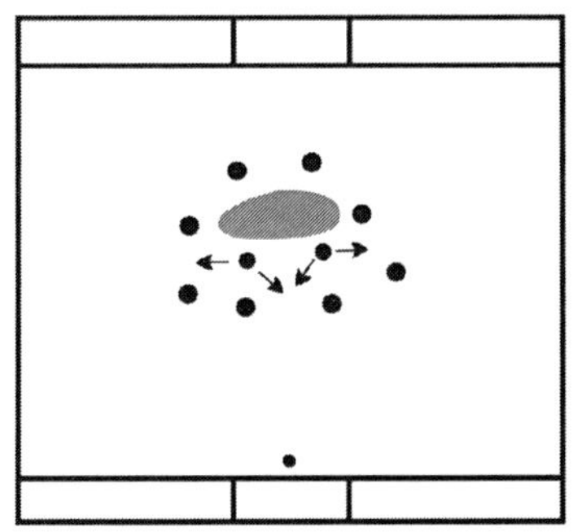

(그림 5) 4-4-2 System 수비 운영시, 엷어지는 미드필드 공간

그러나, 이 System운영은 간과하기 힘든 단점이 있다. 구체적으로 알아보자. 4-4-2 System은 구조적으로 한 가지 뚜렷한 문제를 안는다. 3-5-2 System과는 다르게 경기 운영의 핵심구역, 즉 미드필드 중앙 지역에서 경기를 구성하는 선수를 2명만 두므로, 이 구역에서의 뚜렷한 역할 분담(공격형-수비형-미드필드 지역의 공-수 조타수)을 통한 섬세한 경기 운영이 비교적 힘들다는 점이 그것이다. 팀이 공격 지향일 때는 미드필드-수비, 수비지향일때는 공격-미드필드 사이에서 공간을 장악하며 볼 주도율(볼 점유- 볼 소유 및 볼 탈취 -의 가능성)을 명확히 이끌어줄 수 있는 플레이메이커를 두기 어렵기 때문이다(그림 4) (그림 5).

이것은 상대가 처진 스트라이커, 전문적인 공격형 미드필더, 공격력이 있는 중앙 미드필더를 두었을 경우, 자칫, 위험한 상황에 이를 가능성이 높다는 것을 의미한다. 만약, 팀이 공격일변도로 대형을 적진으로 올려세울 경우, 미드필드-수비 틈새의 공간을 기점으로 뒷 공간을 통째로 내어줄 위험이 있다. 반대로 이를 너무 의식한 나머지 두 명의 중앙 미드필더를 소극적으로 뒤로 물러서게 하다간 자칫, 2스트라이커가 적진에서 동시 고립되는 문제를 낳을 수 있다.

이처럼, 중앙 미드필드진 운영에 대한 상대적인 결함을 안고 있는 이 System을 토대로 경기를 치르고자 한다면, 결국 미드필더들이 풍부한 운동량과 다이내믹한 움직임으로 공-수 경기 운영에 쉴 새 없이 '지속' 관여해야만 한다. 이의 부담을 최소화시키기 위해선, '1자 수비 형성이 용이하다'는 4백 수비 운영의 강점을 살려 수비라인이 지속된 전진수비로 플레이공간을 최대한 좁혀주고, 이를 근간으로 상대를 강하게 압박해 나가는 것이 굉장히 중요한 의미를 지닌다.

하지만, 앞서도 언급했듯, 구조적으로 중앙 미드필드진이 명확히 볼 주도율(볼 점유- 볼 소유 및 볼 탈취 -의 가능성)을 끌어주기 힘든 이 System에서 이는 '어마어마한 수준의 팀 조직력'-'경기에 나서는 구성원들의 강한 집중력 및 철저한 희생정신'이란 요소들이 탄탄히 받쳐주지 못하면 오히려 '위험'을 초래할 가능성이 높다. 압박 상황에서 지역-지역 사이 공간을 꼼꼼하게 메꾸어 줄 선수를 두기 어렵기 때문에, 압박 거점 지역인 미드필드-수비 대형에서 어느 한 구역의 선수가 간격에서 이탈하거나 컨디션적으로 무너지는 상황이 조금이라도 발생하게 되면, 그 지점을 기점으로 대형이 급격히 흐뜨러질 위험이 크다는 것이다 (이 System은 또한 볼을 소유해 나가는 과정에 있어서도 어려움을 겪을 만한 구조적인 특성을 안고 있는데, 이에 대한 상세한 내용은 본문 아래 칼럼 1. 아리고 사키의 고민을 '꼭' 참조하기 바란다.)

때문에 단기간의 소집 시간 동안 팀을 꾸려야 하는 국가대표팀에서는 성공적으로 시행하기가 매우 어렵다. 클럽팀에서도 같은 전술의 활용이 장기화될 경우, '자신'을 버리고 '팀'을 위해 자기 희생을 지속해서 감수해야 하는 선수들의 불만이 쌓일 우려가 있다 (실제로 80년대 말, 아리고 사키는 개성강한 세계적인 선수들을 강인한 카리스마와 압도적인 축구적 지식을 바탕으로 팀과 팀이 지향하는 전술에 충성토록 유도를 잘했지만, 3시즌 만에 팀을 위해 헌신하다 지쳐버린 선수들의 불만은 폭주하고 말았다.)

자연히 이 같은 전술 운영의 비효율성에 대한 대응책의 필요성이 대두될 수 밖에 없었고, 이 과정에서 90년대 중반을 넘어서면서부터 또 한 번의 변화적 흐름이 국제 축구계에 감지되기 시작했다.

 아리고 사키의 고민
(90년대 4-4-2 System의 비효율성에 대한 또 다른 관점에서의 심층적인 해석)

4-4-2 System은 '8인 공동체의 협력 수비 대형+2스트라이커의 전방 체킹을 통한 상대 1차 공격 방향 제한'이란 구조적 전술 사항을 앞세워 전방 압박에서 효력을 발휘한다. 물론, 미드필드-수비 사이에 '고리'를 두지 않음으로 인해 나타나는 위험성을 간과할 순 없지만, 아리고 사키는 이 System이 '최대화된 팀 조직력'을 통한다면, 보다 높은 지점에서 공간과 볼을 장악하며 경기의 주도권을 쥘 수 있는 최선의 가치를 팀에 선물할 수 있다고 내다봤다.

그의 발상은 기본적으로 수비적인 측면에 초점이 맞추어져 있었다. 높은 지점에서 공간을 장악하며 주도권을 앗아올 수 있는 최선의 가치를 '압박'에 두었고, 이 압박이 조직적으로 잘 이루어질 경우에 적진에서 위험 상황을 조성할 기회도 그만큼 자주 찾아온다는 것이 그의 궁극적인 지론이었다. 즉, 그에게 있어선 '압박'이 우선이고, 그 후 따르는 '볼 점유 및 공격성'은 부차적인 개념이었다고 볼 수 있다.

하지만, '압박 대형의 안정을 통해 경기 구성위치를 높이는 것이 반드시 팀에 주도권과 그에 따른 승리를 선물하는 것은 아니다'라는 사실이 사키의 전술이 유행하면서(90년대 초-중반) '사키의 전술VS사키의 전술'의 대결구도가 잦아짐에 따라 크게 드러나기 시작했다.

'핵심'은 4-4-2 System이 전진압박 그 자체만 놓고 보면 효력을 발휘하지만- 물론, 팀이 단단한 조직력을 갖췄다는 전제하에 -, 압박→주도권→공격성을 유연하게 이끌어가며 적진을 지배하는 과정에서는 상대적으로 효력이 떨어진다는 것이다.

구체적으로 알아보자면, 미드필드-수비 틈새에 전문적인 '고리'를 두지 않는 관계로 풀 백은 항상 뒷 선 수비 안정을 위해 센터백과 라인을 맞추는데 있어 더욱 섬세하게 인지해야 한다. 그리고 중앙 미드필드 진영에서 나타나는 상대적인 숫자적 결함은 윙의 활동성도 어쩔 수 없이 제한하게 된다(즉, 4-4-2에선 윙이 중앙 미드필드 라인과의 간격과 라인 선상에서 스스로의 위치에 대해 상대적으로 더 깊이 의식하며 경기를 운영해 나가야 한다는 의미다.).

결국, 3선이 모두 직선 형태의 균형에 의지함을 기초로 경기를 풀어 나가야 한다는 것이다. 이는 압박을 강하게 시행하면 할수록 그 뒤로 나타날 수 밖에 없는 위험성 때문에 더욱 민감해져야 할 부분이다.

즉, 결론을 내리자면, 공간 장악에 유리한 4-4-2 System이 수비적인 측면에서 가지는 가치가 압박을 통해 경기 주도권에 대한 근본 토대를 완성시키는데에는- 높은 조직 구성이 가능하다는 전제하에 - 효력을 발휘할 수 있지만, 압박하기 위해 전진하면 할수록 이를 통해 뒷 선에서 나타나는 위험성을 최소화 한다는 명목 하에 포지션 운영이 '소극적'으로 이끌리게 되는 4-4-2 System의 또 다른 특성이, 공격 전환시, 전술-팀워크의 유기성을 바탕으로 한 적진 공략을 상대적으로 어렵게 만든다는 것이다.

다시 말해 직선적인 구도에선 협력 공격의 틀을 조성하기가 힘이들고, 또한 볼의 지속된 소유가 어려우므로 결국, 이를 위한 삼각 구도의 형성, 적진 위험 지역 돌파, 볼 소유 등의 공격 루트를 창출해 나가는 과정에 있어 '공격 구성원(스트라이커-윙, 그리고 공격으로 넘어갈 수 있는 나머지 플레이어)들'의 개인적인 기술, 체력적인 능력에 그만큼 더 의존되어질 수 밖에 없다는 의미다(참고로 이는 아리고 사키의 AC밀란이 80년대 말에 큰 성공을 거둔 반면, 90년대 초-중반 그의 이탈리아 대표팀이 좋지 못한 경기력을 보인 원인 중 하나이기도 하다. 즉, 반 바스텐-루드 굴리트-레이카르트가 무시무시한 능력을 앞세워 어떤 상황에서든 공격 비전을 명확히 이끌어준 AC 밀란 부임 시절엔 4-4-2를 중심으로 압박과 공격성을 유연하게 연계시켜 상당한 위력의 전방지향적 축구를 선

보일 수 있었으나, 전반적인 선수들의 기량과는 무관하게, 높은 개인 능력으로 적진 공략의 비전을 제시해 줄 수 있는 선수가 로베르토 바죠 이외에 마땅히 없었던 이탈리아 대표팀 시절엔 '연속된 압박 대형 구축에 대한 심리적-체력적 부담' 및 '바죠에 대한 의존성' 이 높아지는 문제를 자신이 맡은 4년 내내 극복하지 못했다는 것이다.) (단, 압박→공격 전환 단계에서 뛰어난 공격 플레이어들이 전진에 대한 비전을 명확히 제시하며 공격을 진행시킬 경우, 2스트라이커와 윙이 적절히 4포워드를 조성시켜가며 적진을 힘있게 지배할 수 있다는 공격 효과를 최상으로 이끌어낼 수 있게 된다. 이는 '승점 관리' 가 중시되는 리그 경기에서 근래까지도 여전히 '압박 4-4-2' 가 생존하고 있는 '핵심' 이유이기도 하다.) (그림 6) (그림 7).

이러한 까닭에, '압박 4-4-2 System'에 근거하는 팀은 안정적인 압박 대형을 유지할 수 있는 조직적 토대를 자체적으로 마련하는 것은 물론, 원활한 공격 진행을 위해 개인적 능력을 바탕으로 연속된 적진 돌파가 가능한 역량있는 공격 진행자들을 '필히' 보유해야 할 필요가 있다.

설령, 이 조건을 모두 충족시켰다 하더라도, 중앙 미드필드진의 앞-뒤 공간에서 드러날 수 있는 위험성이 항상 잠재된 상태에서 경기를 운영해야 하므로 특히, 4-4-2 System의 이 같은 구조적인 약점을 교묘하고 집요하게 파고들려는 상대에게 어려움을 호소할 수 있다.

압박 4-4-2 System 운영의 비효율성에 대한 내용은 앞서도 언급했듯, 사키의 4-4-2 System이 크게 유행하면서 점차 드러났고, 이를 극복하거나, 혹은 이를 공략하기 위한 많은 팀들의 노력에 의해 90년대 중반-후반으로 가면서부터 국제 축구계에 또 한 번의 '변화의 바람'이 일어났다. 이는 21세기로 접어들어 4-4-2 System에 대한 인식의 변화와 더불어 4-5-1 계열 System의 탄생 및 유행을 야기한 하나의 큰 이유가 되었다.

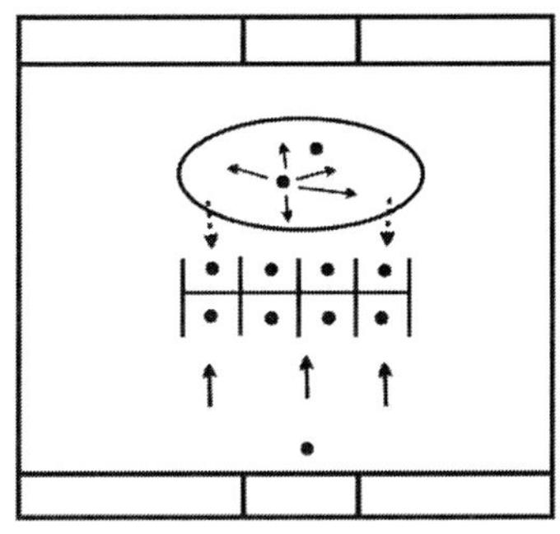

(그림 6) 사키의 이탈리아팀이 겪었던 전술문제 도면(예)

〈공격 전환시, 미드필드진에서 전진 동력을 충분히 이끌어주지 못하면서 2스트라이커, 그 중에서도 특히, 로베르토 바죠가 공격에 있어 너무 많은 짐을 졌다.〉

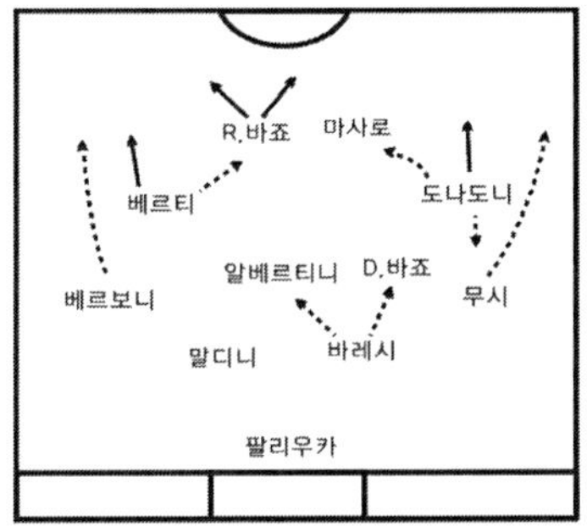

(그림 7) 94 미국 월드컵 당시 이탈리아 포메이션』

'공-수 협력' '지역 및 공간 압박' '조직축구' 등등 아리고 사키가 제시한 주요 전술 운영의 매커니즘은 분명, 90년대 국제 축구 흐름의 근본 토대가 되었으나, 이의 바탕을 이루며 중심적인 System 체계로 떠오른 4-4-2의 미드필드 중앙에서 비롯되는 위의 문제점은 이에 기반하는 모든 팀들이 반드시 풀어야 할 과제였다.

이러한 이유로 90년대 후반, 4-4-2 System의 바탕에 이를 시행한다는 차원에서 '윙'을 포기한 4-3-1-2 System을 활용하는 팀이 많아졌으나, 이 System은 '높은 지점 공간 압박-스피디한 공격 구성'을 중시하는 시대적 풍토에서 하나의 큰 결함을 안고 있었다. (이 system에 대한 상세한 내용은 '칼럼2' 참조) 그런 의미에서, 스트라이커 1명을 포기하고 미드필드진의 숫자를 보강, 상대적으로 경기 운영의 주요 거점지역을 착실히 장악해 나가는데 있어 강점을 발휘하는 4-5-1 계열의 System(4-3-3, 4-2-3-1, 4-1-4-1)이 득세하게 되었다. 이는 21세기의 흐름을 주도하고 있다.

칼럼 2 4-3-1-2 System의 변천 (4가지 유형 분석)

80년대에 성행했던 게임메이커(공격에 전념하는 창조적인 미드필더를 흔히 일컫는 용어)는 90년대, 4-4-2 System의 유행으로 인해 위기를 맞았다. 지역분담 체제에 근거하는 전술 운영에선 '역할의 전문성' 보다는 '다양성'에 초점을 둘 수 밖에 없기 때문이다. 하지만, '1-2선 사이에 정교한 연결고리, 즉 게임메이커를 두어 문전 공격 결정력을 높인다'는 사항은 확실한 승리주도권을 원하는 국제적 수준의 팀들이 좌시할 수 없는 부분이었고, 그런 의미에서 90년대 중반 이후로 떠오르게 된 System 체계 중 하나가 4-3-1-2였다(그림 8).

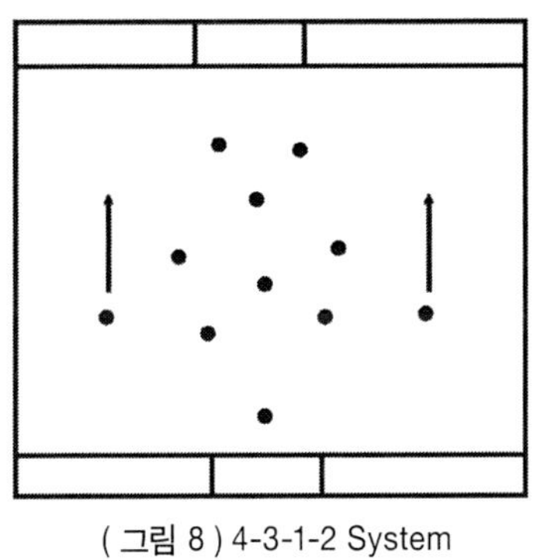

(그림 8) 4-3-1-2 System

- 전통적 게임메이커를 중심으로 한 4-3-1-2 System

4-3-1-2 System은 4-4-2의 바탕에 게임메이커를 두기 위해 양측 윙을 수비적으로 희생시킨 운영 체제라고 보면 된다. 이 System은 구조적인 여건상, 1을 중심으로 센터라인 곳곳에서 삼각구도를 능률적으로 만들어 갈 수 있다는 점에서 '정밀한 패스 전개' '높은 볼 점유율'을 통한 적진 공략의 토대를 닦는데 효력을 발휘한다. 또한 적진으로 최후의 볼을 도달시켜 나가는 과정에서 1이 2스트라이커와 합세해 클린업트리오를 형성하며 결정력을 높일 수 있다는 점도 빼놓을 수 없는 강점이다.

하지만, 측면 높은 지점을 관활하기 힘들다는 구조적인 특성으로 인해, 수비라인의 후퇴 빈도와 중앙 공격에 대한 의존도가 필연적으로 높아질 수 밖에 없다. 이러한 까닭에 공격 구성이 1의 능력에 의존되어 답답하게 이끌릴 가능성이 있다. 더 큰 문제는 1이 상대 압박의 주요 거점 지역에서 주로 활동하기 때문에, 고립의 위험을 항상 안고 경기를 풀어나갈 수 밖에 없다는 점이다. 따라서 미드필드-수비 사이 틈새를 꼼꼼하게 보호할 필요가 있다는 인식이 팽배해져가던 90년대 후반~2000년대의 축구 흐름에선 보편화되기 힘든 면이 있었다.

- 중앙 미드필더의 공격 역할 분담 체제에 근거한 4-3-1-2 System

그러나 다른 System 체제에선 가지기 힘든 4-3-1-2 System만의 강점, 즉 '미드필드 중앙 지역 장악' '2스트라이커+1의 문전 공격 구성' '3미드필더-4Back이 이루는 견고한 문전 수비 구축' 등등은 결코 현대 축구 흐름에서 간과하기 힘든 요소들이다. 이러한 이유로 4-3-1-2 System 운영의 위와 같은 문제를 해결하기 위한 노력이 축구계 곳곳에서 2000년대를 넘어선 시기부터 '본격' 행해졌는데, 이 과정에서 '공격 구성'-'공격 진격의 역할'을 각각 수비형-공격형 중앙 미드필더가 적절히 분담하는 체계의 4-3-1-2 System이 등장해 화제를 낳았다.

이 System 운영의 강점은 1의 역할 부담을 덜어주는 것은 물론, 상대 미드필드진의 수비 범위를 팀의 후방 플레이메이커 위치까지 끌어내어 전방 1-2선 사이 활용가능 공간을 넓게 유도해 낼 수 있다는 것이다. 다시 말해, 1의 공격력이 발휘되어질 수 있는 최적의 환경 조성이 가능하단 의미다. 그리고 이 때, 반대로 상대가 압박대형의 좁은 간격을 유지시키기 위해 수비라인을 전진배치 한다면, 스피드 경합을 잘하는 포워드를 통해 상대 수비라인 뒤로 넓게 나타나는 공간에 대한 공략 기회를 노려볼 수 있게 된다(참고로 후방 플레이메이커의 활용은 4-3-1-2뿐 아니라 4-2-3-1, 4-3-3, 4-1-4-1 등에서도 2000년대 중반을 기점으로 보편화되었다.).

대신, 공격 구성 단계에서 중요한 역할을 담당하는 수비형 미드필더의 수비 부담을 줄여주기 위해 측면 플레이어들의 활동력과 압박 보조 능력이 더욱 중요한 의미를 지니게 된다.

안첼로티 체제의 AC밀란이 21세기들어 카카(루이 코스타)-피를로 조합을 앞세워 이 System 운영의 선구자 역할을 해내며 유럽 챔피언스리그 무대에서 전성기를 보냈다(02-03 시즌 우승, 04-05 시즌 준우승, 06-07 시즌 우승- 참고로 06-07 시즌 당시에는 4-3-1-2 System을 보다 수비화한 4-3-2-1 System을 토너먼트에서 적극 활용해 주목받았다. -).

- 수비가담하는 공격형 미드필더를 앞세운 4-3-1-2 System

이처럼, 공-수 중앙 미드필더가 공격 진격-공격 구성 역할을 분담하는 체제의 4-3-1-2 System이 이 같은 강점을 앞세워 유럽 무대에서 성공하는 사례가 빈번해지면서, 국제축구계는 후방 플레이메이커를 봉쇄해야 할 필요성을 느끼게 되었다.

이 과정에서 4-2-3-1 System과 더불어 4-3-1-2 System이 다시 주목받았다. 주요점은 1의 '수비가담'이다. 즉, 공격 구성 폭이 후방지역까지 넓어진 시대를 맞아, 상대 수비형 미드필더와 직접적으로 대치할 수 있는 1의 왕성한 수비활동에 대한 중요성이 '본격' 대두되었다는 것이다(참고로 공격적 창조성과 풍부한 활동력, 일정 수준의 수비력을 두루 겸비한 데코, 루카 모드리치, 로시츠키 같은 플레이어들이 이 System에서 1의 위치에 최적화된 선수들이다.).

이는 수비에서의 대처 효과 상승는 물론, 측면 미드필더의 전진을 통한 '공격적 압박' 및 '다채로운 공격 구성'을 활발히 유도해 낼 수 있다는 점에서 그 전술적 가치성이 상당했다.

이 System 운영을 명확히 해내기 위해선 1을 비롯한 미드필더들에게 체력적 능력과 유틸리티한 플레이 성향을 보다 더 요구할 수 밖에 없지만, 만약 이 조건이 충족되어지기만 한다면, '미드필드 중앙의 강함+2스트라이커 활용'이란 기존의 강점에 '전술구성의 다양성'이란 옵션을 더해 상당한 위력을 뿜낼 수 있게 된다.

실제로 이 전술은 03-04 시즌, 무리뉴의 FC 포르투를 유럽 챔피언스리그 정상으로 이끈 토대가 되었고, 2000년대 중,후반 인터밀란을 이끌었던 로베르토 만치니, 유로 2008 당시 크로아티아의 빌리치 등등에게도 성공을 안겨다주었다.

- 공격형 미드필더의 '측면 이동'에 초점을 두는 4-3-1-2 System

2000년대 후반~근래 들어서는 발재간이 뛰어난 1의 측면 이동에 초점을 두는 4-3-1-2 System이 곳곳에서 등장하고 있다(특히, 세리아 A 무대에서 자주 선보여지고 있다.). 공격시, 1이 상대 압박 거점 지역에서 고립되는 빈도를 최소화하고, 동시에 이 System이 가지는 측면 공간 장악에 대한 핸디캡을 원활히 극복해 나가겠다는데 그 목적이 있다. 이 System의 성패 여부는 1이 측면으로 이동했을 때, 후방 미드필더 3인이 얼마만큼 전방과의 괴리를 유연하게 좁혀줄 수 있느냐에 달려 있다. 만약, 이 조건이 충족되어진다면, 4-3-1-2를 기초로 '플랫' 4-4-2 및 4-3-3의 강점을 부분적으로 곁들이며 다채적인 경기를 운영해 나갈 수 있다는 전술 효과를 얻게 된다.

아직까지 이 System을 바탕으로 괄목할 만한 성과를 올린 팀은 찾아보기 힘들지만, 그 효율적 측면을 고려할 때, 머지않아 4-3-1-2 System을 통해 활용되어 질 수 있는 또 하나의 System 체계로 국제 축구 무대에 안착할 것으로 보인다.』

4-5-1 계열의 System이 가지는 가장 큰 강점 2가지는 '미드필드 강화' 및 '유연함'이다. 구체적으로 알아보자. 우선, 5명이나 되는 미드필더들이 미드필드 지역의 곳곳을 꼼꼼히 장악해가며 '지속된 압박 및 유기적인 볼 점유'로 경기 장악의 토대를 만들기 용이하다. 그리고 안정적인 미드필드 장악을 근간으로 공격 운영 패턴도 유연하고 다채롭게 이끌어낼 수 있다. 즉, 미드필더 1-2명 정도가 공격진으로 넘어간다 하더라도, 미드필드 지역에 최소 3명 이상의 플레이어를 남겨둘 수 있다는 점에서 미드필더들의 공격 동선 이동패턴을 다양화 할 수 있다는 것이다. 더불어, 중앙 지역의 강함을 근간으로 측면 플레이어(윙·풀백)

들을 전진 배치시켜 공격 속도를 배가시키기는데도 힘을 발휘할 수 있다. 나아가 미드필드진의 짠물수비를 통한 수비적 경기 운영에서도 크나큰 효과를 발휘 할 수 있다.

강한 미드필드를 근간으로 한 '공격 운영의 유기성'과 '수비의 안정'을 능률적으로 추구할 수 있는 이 System 토대가 현대 축구에서 보편화되지 않을 까닭이 없는 것이다(그림 9) (그림 10) (그림 11) (상대적으로 4-5-1 계열 System의 유행으로 인해 미드필드에서 숫자적인 어려움을 겪게 된 4-4-2 System은 21세기 들어 그 활용빈도가 눈에 띄게 낮아지는 흐름을 맞았다. 물론, 4-4-2 System이 21세기에 전혀 가치가 없는 것은 아니다. 전방압박을 부분적으로 포기하는 역습형 4-4-2 System을 내세우며 성공하는 팀들도 적다곤 볼 수 없고- 이에 대한 상세한 설명은 본문 아래 참조 -, 비교적 약팀을 상대하거나 적진을 장악해 나가야 하는 상황에 놓였을 때 이 System이 가지는 공격적 가치가 힘을 발휘한다는 점에서 승점관리가 중요한 리그 경기에서는 여전히 공격적 4-4-2 System이 큰 영향력을 행사하고 있다.).

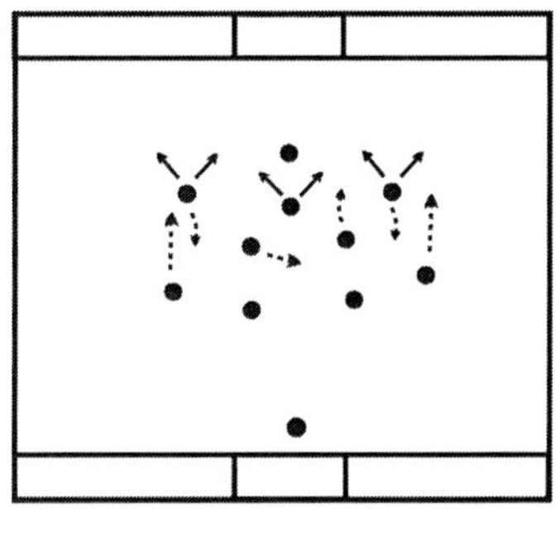

(그림 9) 4-2-3-1 System

〈 90년대 후기는 국제 축구계에서 4-4-2 System을 활용하던 팀들이 윙을 두면 공격형 미드필더를, 공격형 미드필더를 두면 윙을 포기해야 하는 구조적 단점에 허덕일 시기였다. 그 때, 혜성처럼 등장한 System이 바로 4-2-3-1이었다. 이 System에서 주목해 봐야 할 점은 윙과 공격형 미드필더를 동시에 둘 수 있다는 것이다. 이로서 활기차고 정교한 공격을 토대로 미드필드진이 전방과의 유연한 연계를 꾀할 수 있다. 동시에, 2명의 전문적인 수비형 미드필더를 4백과 인접한 지점에 위치시켜 운영할 수 있다는 점에서, 최후 저지선에서의 방어도 강력히 시행할 수 있다. 하지만, '공격형'-'수비형'으로 나눠지는 미드필더 구성원들의 기본 성향적 특성을 고려할 때, 공-수를 연동시킬 수 있는 '강력한' 고리가 마땅히 없을 경우, 팀 대형이 앞-뒤로 분리될 위험이 있다는 점은 간과하기 힘든 약점으로 지적된다. 〉

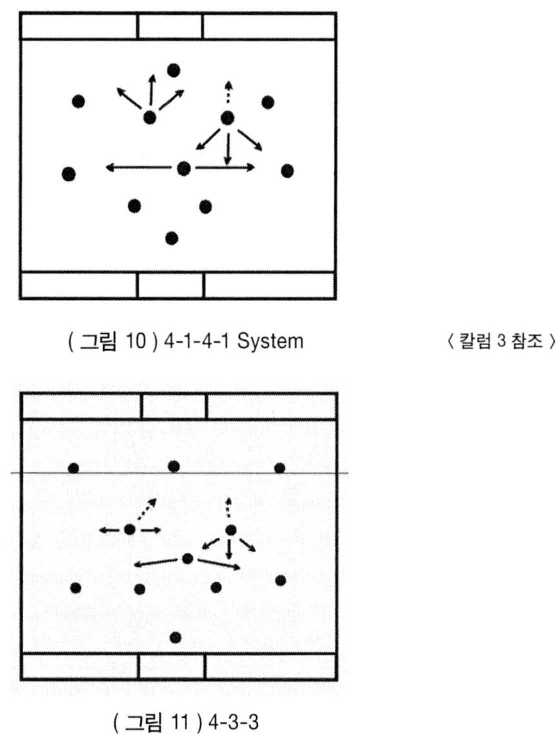

(그림 10) 4-1-4-1 System   〈 칼럼 3 참조 〉

(그림 11) 4-3-3

〈4-3-3 System은 구조적인 측면에선 '아주' 공격적인 특성을 띄지만, 미드필드 장악이 강조되는 현대 축구에서의 활용적 측면에서 놓고 볼 때 반드시 그렇지만은 않다. 윙 포워드의 적극적인 수비 가담이 필히 요구되어지면서 사실상 '4-5-1의 변형 System'으로서 인식되는 예가 더 많다. 윙 포워드가 적절히 후퇴하여 측면 미드필드 지역을 관활해줄 경우, 긴밀하게 응집하는 '전문 중앙 미드필더' 3인을 앞세워 '중원 장악'에 있어 탁월한 효력을 발휘할 수 있다는게 근래 4-3-3 System을 활용하는 많은 팀들이 주목하는 사항이다. 그러나, 그만큼 최전방에 남는 스트라이커가 직접적인 보조자 없이 적진 위험 구역에서 외로운 사투를 벌여야 한다는 어려움이 따른다. 물론, 이는 4-2-3-1, 4-1-4-1 System에서도 공통적으로 나타나는 문제긴 하지만, 안정지향적 4-3-3 에서 보다 크게 나타난다- 이 System의 대표적인 팀으로 04-05 시즌 호세 무리뉴의 첼시가 있다. 당시 그들은 '강력한 스트라이커' 드로그바의 롱 볼 컨트롤 능력과 윙 포워드의 기동성, 끈끈한 조직력을 토대로 한 고효율 실리 축구를 선보이며 프리미어리그 무대를 장악했다.〉

칼럼 3 현대축구의 4-1-4-1 System
(탄생 및 장.단점, 현대 축구에서의 위치)

80년대 후반부터 90년대 중반까지 축구계는 4-4-2의 매력에 빠져있었다. '공간'과 '시간'을 압박하는 전술의 교과서적 대형으로 여겨지며 많은 팀들이 이를 활용했다. 그러나, 2스트라이커를 활용하는 방식은 각 팀이 선호하는 전술적 방향에 따라 차이가 났다. 힘과 체력을 강조하는 팀들은 전형적인 '전형적인 2스트라이커 조합(스피드가 좋은 스트라이커 +제공권이 좋은 스트라이커)에, 기술을 강조하는 팀들은 1명의 스트라이커를 '처진' 개념으로 활용해 2선과의 유기적 연결을 도모하려는 경향이 강했다.

90년대 말로 접어들면서, 점차 기술축구를 강조하는 팀들이 대세를 이루기 시작했고, 이러한 흐름은 4-2-3-1의 탄생 및 유행을 낳았다. 스페인에서 이것이 정형화되었으며, 98 월드컵-유로 2000 당시 프랑스를 통해 전 세계적으로 유행하게 되었다. 미드필드를 강화하며 수비를 안정시킴은 물론, 1-2선 공격 운영의 유기성까지 도모할 수 있다는 크나큰 전술적 메리트는 전 세계 축구계를 매료시키기에 충분했다.

하지만, 유로 2004를 통해 4-2-3-1의 치명적 결함이 드러났다. 미드필드진에서의 각축이 심화된 까닭에, 전방의 스트라이커가 홀로 고립되는 사태가 빈번히 발생한 것이다. 축구 경기에서 궁극의 목표인 '승리'를 위해선 반드시 '골'이 필요하다. 그런 의미에서 '스트라이커의 고립'은 간과하기 힘든 문제였다. 결국 대회 후, 적지 않은 팀들이 일시적으로 4-4-2, 혹은 4-3-3으로 선회하는 흐름을 보였다. 그러나, 미드필드가 강조되는 시대적 흐름에서 4-2-3-1은 쉽게 거부될 수 있는 것이 아니었다. 이러한 까닭에, 4-2-3-1을 기준으로 한 해법 찾기에 축구계가 몰두하는 흐름이 2000년대 중반에 접어들어 일었다.

이 와중에 잉글랜드 등지에서 떠오르기 시작한 해법이 2선의 스코어러를 활용하는 것이었다. 즉, 전방 스트라이커가 공격의 길을 열고, 득점력이 좋은 후방의 미드필더가 직접 침투하여 슛에 가담하는 방식을 '부'가 아닌, '주'의 전술적 영역에서 활용한다는 것이다. 얼핏, 그럴싸해 보이는 해결책이다. 하지만, 이는 2선 미드필더가 1선으로 지속해서 넘어가는 와중에, 상대적으로 약화될 수 밖에 없는 미드필드 전방 운영에 대한 의문을 남겼다. 이 문제를 덜기 위해 축구계에서는 후방 미드필더, 즉, 수비형 중앙 미드필더 중 1명을 점차 미드필드 1선 지점으로 전진시켜 운영하기 시작했다. 이로서 결과적으로 대두되기 시작한 것이 4-1-4-1 System이다.

이 대형은 우선, 공격적인 측면에서 효과를 발휘한다. 미드필드 1선에 무려 4명이 배치해 있기 때문에, 이 중 어느 누가 1선으로 진입하더라도 미드필드 진영에서 올 수 있는 즉각적 타격을 적절히 완화시킬 수 있다. 따라서 1선 침투에 대한 탄력성과 유기성을 능동적으로 배가시키는 것이 상대적으로 더욱 가능하다(특히, 구조적으로 넓게 드러나는 1선의 유효 공간은 이 같은 4-1-4-1의 침투성향을 극대화시키는데 있어 촉매 역할을 한다.).

수비적인 측면에서도 효과를 발휘한다. 미드필더 4-수비 4 사이에 '1명의 전문 수비수'를 둔 구조적 특성을 살린다면, 전방 압박에서 상당한 힘을 발휘할 수 있다.

4-1-4-1 System은 압박과 2선 침투, 공-수 연계의 속도가 강조되는 현대 축구에 적합한 대형임에 틀림없다. 이러한 까닭에, 이 대형은 2000년대 중-후반 한 때, 4-2-3-1을 대체한다는 차원에서 국제 축구의 주류로 떠오르기도 했다.

하지만, 4-1-4-1 System은 구조적으로 미드필드 후방 지역에서의 볼 점유율 확보에 있어 상대적 어려움이 따른다는 약점을 보인다. 구체적으로 알아보자. 상대의 심한 압박을 피해 볼의 소유권을 유지하기 위해선 수비라인을 적정수준 뒷 선으로 내리며 안정적 패스 대형을 구축시키는 것이 필요하다. 이 때, 미드필드 후방 지역이 강건해야 전방과의 원활한 연계를 꽤할 수 있음이 당연하다. 그러나, 1명의 후방 미드필더만으로는 이를 능히 시행해내기가 아무래도 어려울 수 밖에 없다. 자칫, 이 지역이 상대의 집요한 압박에 시달리게 되면, 공-수 사이 연결고리가 단절될 우려가 다분하다. 이것이 4-1-4-1 System의 약점이다.

최근 축구 동향에서 '볼 소유권 확보 및 유지 역량'이 원활한 전술 운영을 위해 필수불가결적으로 요구된다는 점을 감안할 때, 이는 간과하기 힘든 문제다. 이러한 까닭에, 최소 2명의 수비형 미드필더를 두어

‘우선’ 후방 균형을 확고히 하려는 경향이 요근래 들어 다시 강해지고 있다. 때문에, 4-1-4-1로 잠시 기울었던 흐름은 다시, 재빠른 역습에 근거한 안정지향적 4-2-3-1로 선회하는 방향으로 나아가고 있다.

4-1-4-1 System이 낼 수 있는 강점은 현대 축구에서 매우 유용하므로, 이 대형이 향후, 축구계에서 배제되어 갈 가능성은 현저히 낮다고 본다. 그러나, 4-1-4-1 System을 통해 전술 효과를 내기 위해서는 ‘뛰어난 수비형 미드필더의 보유’·‘강력한 팀 조직력의 구축’은 물론, 미드필더진 운영의 유기성을 바탕으로 한 4-3-3, 4-2-3-1 등 유사 전술로의 적절한 변화에도 능통해야 할 필요가 ‘분명히’ 있어 보인다.』

하지만, 간과해선 안 될 것이 있다. 4-5-1 계열의 System이 4-4-2 System을 상대할 시엔 미드필드에서 숫자적 주도권을 행사하는 가운데, 공-수에 걸쳐 탁월한 전술적 효과를 얻을 수 있지만, 너도나도 4-5-1 System을 쓰는 와중에 4-5-1VS4-5-1의 대결 구도가 성립된다면?. 이 경우엔 미드필드에서 치열한 공방전이 펼쳐지는 동안 상대적으로 전방 스트라이커가 고립될 위험이 높아질 수 밖에 없다(스트라이커가 고립되어 버리면, 팀이 높은 득점력을 기대하기 힘들어진다. 이는 곧, 뚜렷한 승리를 장담할 수 없다는 것을 의미하므로, 특히 지속된 승리를 원하는 강호들에겐 결코 유쾌한 사항이라고 볼 수 없다.).

실제로 4-2-3-1 System이 크게 유행한 유로 2004에서 대부분의 팀은 스트라이커의 고립 문제로 골머리를 앓았다. 이를 탈피하기 위해 미드필더의 역할 변경, 1-2선 연계 공격 강화 등등 4-5-1 System 내에서의 자체적인 많은 변화가 유로 2004 이후, 쭉 이어졌지만, 명확한 해답이 제시되진 못했다.

이 와중에 2000년대 초·중반을 기점으로 윙의 활용도를 높여 위의 고전적 4-4-2 System과 4-5-1 System에서 나타나던 문제를 동시에 극복하며 경기 효율성을 극대화시킨다는 차원에서, '역습형 4-4-2 System'이 유럽 무대 곳곳에 등장해 성공하는 사례가 빈번히 보이며 주목받았다. 구체적으로 알아보자. 플랫 구도를 나타내는 4-4-2 System은 공격과 수비를 구분해 놓고 본다면, 상당히 효율성이 짙은 System이다. 하지만, 일반적으로 전체적인 공-수 연동 및 동시 강화라는 측면에서놓고 볼땐 근대 축구 흐름에서 그리 유연한 System이라고 보긴 힘들다. 따라서, 21세기 들어 이 System이 가지는 공격과 수비의 강점을 적절히 연계 시키는데 주안점을 둔 연구가 국제적 수준의 여러팀에 의해 행해졌다. 그 '매개'의 핵심은 '역습'과 '중앙지향의 윙'이다. 우선, 전진압박과 공격성을 어느 정도 포기하면서, 미드필더 4-수비 4를 두어 공간 장악에 용이하다는 수비적 강점을 적극 활용하기 위해 적정 수준 이 대형을 뒤로 내린 지점에서 컨트롤하며 '선수비'를 지향한다(수비를 모두 내려 수비적으로 경기를 하겠다는 의미가 아니라 효율적인 역습전환에 대한 사정거리-공격 전환시, 역습 거점 지역에 있는 특정 공격자의 고립 위험을 최소화하며 역습 효율을 최대화할 수 있는 거리 -를 유지함을 근간으로 뒷 선을 보다 안정적으로 보호할 수 있는데 주안점을 두려는 의미에서 수비라인을 한 단계 뒤로 물러선 지점을 기점으로 컨트롤 한다는 것이다- 일반적으로 우군 골라인과 약 20~25m거리 -.). 동시에 미드필드-수비 사이에서 활동하는 상대 공격수에게 허점을 드러낼 수 있다는 구조적 문제를 보완한다는 차원에서 중앙 미드필더를 수비화시킨다(수비적으로 치우치는 1명과 공-수를 연동시키는 1명의 조화).

　　이를 통해 상대의 공격을 끊어내면, 역습의 축이 되는 측면의 윙을 통해 신속한 공격을 단행한다. 이 때, 중요한 것이 '윙의 이동 동선'이다. 미드필드-수비 대형이 비교적 아래로 내려와있어 2포워드와의 즉각적인 연계가 어려운 가운데, 윙이 기존의 패턴처럼 직선적으로 돌진하며 전진할 경우, 자칫, 스스로 고립될 위험이 있다. 특히, 이 상황에선 윙이 팀 공격 전개의 핵심적인 '연결고리'가 된다는 점에서 이는 곧,

팀 공격 매커니즘이 틀어져버릴 위험이 크다는 것을 의미하는 것이기도 하다. 때문에 이 상황에선 오히려 윙이 2스트라이커가 위치한 방향으로 과감히 진격해 들어가는 것이 바람직하다. 이 경우, 윙이 뒷 선에선 중앙 미드필더, 앞 선에선 2스트라이커의 지원을 직접적으로 동시에 받기 때문에 위의 문제를 능숙히 타개할 수 있게 된다. 특히, 중앙 미드필더-스트라이커 사이의 벌어진 틈새를 효과적으로 메꾸며 이 System 운영이 안을 수 있는 구조적인 문제를 극복하는 것은 물론, 또한 이 때, 2스트라이커가 공격 보조자의 지원을 뒷 선의 인접지점에서 직접적으로 받게 된다는 측면에서 4-3-1-2 System이 낼 수 있는 문전 공격의 정교함을 부분적으로 곁들일 수 있다는 점에도 주목해 볼 만하다(그림 12) (윙이 사이드 지점에서 중앙으로 돌파해 들어가는 패턴이 가지는 또 하나의 강점은, 윙이 고립된 상태에서보다는 사이드의 넓은 공간을 점유한 상태에서 스스로가 공격전환 타이밍-방향-공략지점에 대한 계산을 주도적 입장에서 계획한 후, 적진 수비 내부 지역으로 침투해 들어갈 수 있다는 것이다. 이 경우, 윙이 스피드의 탄력을 붙인 상태에서 상대 중앙 수비자〈 수비형 미드필더-센터 백 〉와 직접적으로 대치할 수 있게 된다. 공략지점으로 자기 주도적 타이밍에 빠르게 침투해 들어가는 윙의 움직임은 정적인 상태에서 이를 맞아야 하는 상대 중앙 수비에겐 상당한 부담이 될 수 밖에 없다. 특히, 이 과정에서 윙이 2스트라이커와 중앙 미드필더의 지원을 앞-뒤에서 동시에 받게 된다는 점에서 더욱 그러하다.).

이러한 이유로, 2000년대 중반을 기점으로는 4-4-2 System에서도 2명의 윙 중, 최소 1명은 중앙지향의 선수로 채우는 예가 잦아졌다. 구체적으로 윙이 가진 전통적인 공격 가치인 스피드와 공격성을 측면 보다는 중앙쪽으로 꺽어들어오며 정교하게 활용을 잘 하는 선수라던가, 아니면 스피드와 돌파력을 지닌 공격형 미드필더가 윙 포지션에서 이 같은 역할을 수행하는 빈도가 높아졌다는 것이다(이는 효과적인 사이드 공격 공간 점유를 위한 풀 백의 측면 공격 지원빈도가 21세기 축구계에서 상대적으로 높아진 많은 이유 중 하나이기도 하다.).

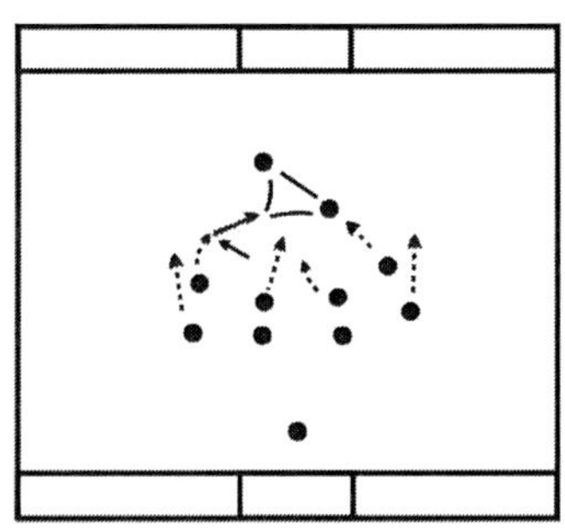

(그림 12) 역습형 4-4-2 System의 주요 공격 전환 형태 (예)

그렇다면, 흔히 4-3-3 System이나 4-5-1 System에서나 있을 법했던 '중앙지향의 윙'을 4-4-2 System에서도 둘 수 있게 된 이유는 무엇일까? 전방 압박을 통한 공-수의 긴밀한 협력을 토대로 전진하겠다는데 주안점을 두는 4-4-2 System에서는 윙이 상대적인 희생을 각오해야 한다. 전방압박은 기본적으로 높은 지점의 꼼꼼한 지역장악이 바탕이 되어야 하므로, 중앙 미드필더를 2명만 두는 이 System에선 윙에게 공격 동선 선택에 대한 자율성을 보장하기가 상대적으로 힘들기 때문이다. 따라서 90년대 4-4-2 System에서의 윙은 일반적으로 공격-미드필드 지역의 측면을 왔다갔다하는데 많은 시간을 투자해야 했다(중앙 돌파는 과거 4-4-2 System의 윙에겐 부분적인 옵션이었다.).

반면, 수비라인을 적정수준 내리고 경기를 할 경우, 뒷 선 수비에 대한 부담이 상대적으로 줄어들게 되므로 '반드시' 앞 선에서 상대 공격을 저지해야 할 까닭은 사라진다(더구나 앞서 언급했듯, 이 System에선 대체로 중앙 미드필더가 보다 수비적으로 움직이기 때문에 더욱 그러하다- 이는 또한 풀 백을 좀 더 전진시킬 수 있는 전술적 요인이기도 하다. -.). 이는 곧, 공격자들에게 공격 이동 동선 선택에 대해 상대적인 자율성을 보장할 수 있다는 것을 의미한다. 이러한 까닭으로 '역습'을 지향하는 4-4-2 System에선 중앙지향의 윙을 둘 수 있는 운영적 잇점이 생기게 되는 것이다. 반대로 말하면, 4-4-2 System에서 중앙지향의 윙을 두어 전술 효과를 보고자 할 경우, 전방압박을 부분적으로 포기하고 역습공격을 필수 옵션으로 생각해야 한다는 것이다(여기에서 말하는 역습은 전방에서 시작되는 근거리 역습이 아닌, 하프라인, 혹은 그 아래에서 진행되는 중거리, 먼거리 역습을 말한다.) (이외에도 공-수 밸런스를 잡아줄 수 있는 뛰어난 풀 백의 증가, 중앙쪽에서의 연계 공격을 중시하려는 국제 축구계의 전술 인식 등도 4-4-2 System에서 중앙 지향의 윙을 둘 수 있는, 혹은 두고자 하는 하나의 빼놓을 수 없는 이유다.) (참고 1) (참고 2) (참고 3).

참고 1) 공격은 물론, 압박까지 빈틈없이 해낼 수 있는 스트라이커를 보유했다면, 이 선수가 상대 공격 구성을 적극적으로 방해하는 와중에 전방압박과 중앙지향의 윙을 통한 전술 효력을 동시에 얻을 수 있다. 07-08 시즌, 맨체스터 유나이티드가 1선에서 공격과 수비에 쉴 새 없이 가담할 수 있는 카를로스 테베즈의 기동성을 앞세워 이 같은 전술 효력을 실감했다.

당시 맨체스터 유나이티드는 강력한 전방압박과 이를 통해 얻어지는 근거리 역습을 통해 상대의 경기 운영을 빠른 템포로 이끌어들이고, 이 가운데 흔들리는 적진 수비진을 호날두의 합세로 두터워진 중앙 포워드진의 스위칭을 활성화시켜 공략했다. 정리하자면, 테베즈 효과를 통해 수비 가동위치를 위쪽으로 올려 수비-역습-스위칭으로 이어지는 과정을 매우 역동적으로 이끌어내며 위의 전술 효과를 드높였다는 것이다(하지만, 카를로스 테베즈가 팀에서 이탈한 08-09 시즌엔 상대적으로 전방 수비가 약화됨에 따라 수비 가동 위치가 아래쪽으로 내려가는 양상을 보였다. 자연히 역습 비거리가 멀어질 수 밖에 없었고, 이는 위의 과정이 이끌어지는 속도가 지난 시즌에 비해 떨어지는 결과를 낳았다. 대신, 아래쪽 수비의 안정성을 더해 지지 않는 경기의 토대를 마련하고, 여전히 결정력 높은 역습형 공격으로 승점을 쌓아가며 변함없이 훌륭한 성과들을 일궈냈다- 프리미어리그 우승, 챔피언스리그 준우승 -.).」

참고 2) 03-04 시즌, 프리미어리그 무패 우승(26승 12무, 73득점 26실점)의 위업을 달성한 아스날 역시 역습형 4-4-2 System의 대표적인 팀이다(그림 13). 우선, 4Back과 '수비형 미드필더' 실바-비에이라가 협력해 아래 저지선을 단단히 구축한 후, 역습 전환시, 비에이라가 시발점이 되어주고, 측면-중앙 침투가 모두 가능한 피레-융베리가 역습 스피드의 동력 및 역습 방향을 이끌어주며, 1선에서 다소간 아래쪽으로 내려오는 베르캄프의 정교한 패스를 거쳐, 상대 수비 뒤로 움직이는 앙리의 스피드에 의해 마무리까지 이어가는 아스날의 단단한 체계의 '역습형' 공격은 프리미어리그 무대에선 그야말로 절대적인 위력을 발휘했다.

당시, 4-4-2 System의 지역수비에 근거한 전진 수비로 미드필드에 힘을 집중시킨 후, '창조성' 보단 '파워게임'으로 적진을 지배하려했던 프리미어리그 대부분 팀의 경기 운영 특성은 아스날의 이 같은 '선수비 후역습' 구도가 정확히 들어맞을 수 있는 최적의 환경을 만들어 줘버렸다.

특히, 이 과정에서 미드필드-수비의 중간 지점이 약하다는 4-4-2 System의 허점을 교묘히 파고들어 정교히 볼을 다루는 베르캄프는 상대 수비 조직을 허무는 '키'였다. 정해진 구역 외의 지역에서 창조적으로 공격을 풀어가는 베르캄프는 프리미어리그 팀들이 당해내기엔 너무도 벅찬 상대였다. 베르캄프 효과는 가공할 위력을 뽐낸 피레-앙리-융베리의 문전 스위칭 플레이에 대한 '기준점'이 되었다(4인 공격 체제의 스피디하고 유연한 공격 운영을 토대로 필요에 따라 비에이라-실바의 2선 침투, 애쉴리 콜-로렌의 측면침투까지 연쇄적으로 유연하게 끌어내어 2차-3차의 공격 가능성을 끊임없이 창출해내는 아스날의 공격 운영은 아주 깊이있고 정교했다.).

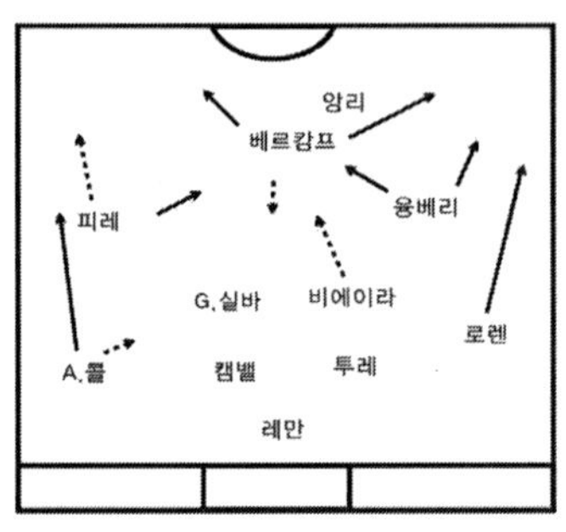

(그림 13) 03-04 시즌, 아스날 포메이션

웽거는 4-4-2 System을 아주 선호하는데, 특징적인 것은 양측 윙 진영을 스피드와 돌파력이 있는 공격형 미드필더로 갖춘다는 것이다. 이를 통해 얻어지는 공격효과는 크게 두 가지다. 하나는 역습 상황에서 상대 적진 내부를 직접적으로 흔들면서 '문전 공격의 협력 플레이'와 '측면 지점의 공간 창출'에 대한 효과를 동시에 끌어오는 것이 가능하다는 것. 다른 하나는 공격형 미드필더로서 볼을 잘 다루는 '웽거 스타일?'의 윙이 기존 플레이메이커와 호흡을 이루며 볼 점유율을 높게 끌어줄 수 있다는 것이다.

웽거의 아스날이 보이는 전통적인 특징은 공격 주도권을 위해 전방쪽에서의 압박에 대한 의존도를 높게 두진 않지만, 위의 포지션 운영의 특성을 앞세워 역습기회와 볼 점유율을 효과적으로 이끌어오며 다채로운 형태의 공격루트를 구성해낸다는 것에 있다. 특히, 플라미니의 지원을 받아 로시츠키-파브레가스-흘렙이 미드필드에서 호흡을 이룬 07-08 시즌의 아스날은 03-04 시즌 이후 '웽거 스타일'이 절정에 이르렀던 팀이었다고 본다. 다만, 로시츠키의 부상을 비롯한 온갖 악재, 그리고 벤치 멤버의 허약함으로 인해 시즌 중반 이후로 그 위력이 급격히 떨어져 정작 좋은 성적을 거두진 못했다는 점은 아쉬움으로 남았다(참고로 이니에스타-사비-다비드 실바가 '수비형 미드필더' 마르코스 세냐의 든든한 지원을 얻어 절정의 호흡을 이룬 유로 2008 당시 아라고네스 체제의 스페인 대표팀도 웽거 스타일의 4-4-2 System에 가까운 경기 스타일을 근간으로 유럽무대 정상에 올랐다. 특히, 당시 스페인은 2스트라이커 중, 기동성이 우수한 다비드 비야를 수비시엔 미드필드진으로 내려 4-1-4-1로 전환하며 중원을 두툼하게 형성, 필요에 따라 전방 압박도 훌륭하게 해냈다. 당시 스페인은 멀티플레이 성향을 지닌 우수한 선수들과 탄탄한 조직력을 바탕으로 전술 운영에 있어 전혀 흠잡을데가 없었던 완벽한 팀이었다.).」

참고 3) 잉글랜드 프리미어리그가 다시 전성기를 맞이하게 된 시기는 21세기에 이르러서다. 이는 고전적인 4-4-2 System의 해체가 큰 몫을 담당했다. 1차적으로 98-99 시즌, 맨체스터 유나이티드를 이끌고 트레블(프리미어리그, FA, 유럽 챔피언스리그 동시 석권)을 일궈낸 알렉스 퍼거슨의 공이 컸다. 그는 스콜스를 세컨드 포워드로 둔 4-2-3-1 System을 21세기 초반에 가동해 영광을 이어갔다(그림 14). 그리고 맨체스터 유나이티드의 라이벌 아스날 역시 이 시기에 프랑스 출신의 아르센 웽거 감독 휘하에서 '참고 2'에서 언급했던 '역습형 4-4-2 System'을 내세우며 프리미어리그에서 내리막을 걷고 있던 4-4-2 System의 생존법을 제시했다. 또한 2000년대 중반, 호세 무리뉴가 첼시를 이끌고 4-3-3 System을 수비적으로 적용해 성공을 했으며(그림 15), 라파엘 베니테즈가 07-08 시즌 리버풀을 이끌고 4-2-3-1 System을 통한 강력한 전진 압박 시스템을 가동, 단단한 균형을 일궈냄에 따라(그림 16) '프리미어리그=4-4-2'란 공식은 깨지고 있다. 요근래들어 프리미어리그에서 상위 클래스에 랭크되는 팀 중 4-4-2 System의 고전적 형태를 플랜A로 두고 경기를 치르는 예는 거의 사라지고 있으며, 이는 자금력이 있는 중위권, 하위권 팀에도 점차적으로 영향을 끼칠 것으로 보인다.

상대적으로 이 같은 현상은 최근, 프리미어리그가 유럽 챔피언스리그와 같은 무대에서 경쟁력을 행사하게 된 계기가 되고 있다. '전술 운영의 다양성'과는 거리가 있었던 프리미어리그 팀들이 다채로운 전술 운영의 영향을 받아 점차 '다변화'에 대한 적응력이 강해진 것이 주 된 원인이며, 이는 '머니 파워'가 한 몫했다. 즉, 높은 급료를 받으며 속속들이 유입되는 유능한 해외파 지도자와 선수들이 잉글랜드 축구에서 부족했던 '전술'과 '기술' '창조성'을 더해줬단 이야기다.

하지만, 잉글랜드 프리미어리그가 강해지는 만큼, 잉글랜드 선수들의 기량과 국가대표팀의 경기력은 향상되지 못하고 있다. 세계적인 해외파 선수들의 잦은 유입으로 자국내 선수들이 프리미어리그에서 설자리를 잃어간다는 것이 큰 이유다. 이로 인해 경쟁력있는 유망주들이 좀처럼 날개를 펼치지 못하는 사태가 빈번히 일어나고 있다. 그런데, 이 보다 더 근본적인 문제는 프리미어리그의 경기력이 발전하는 만큼이나 그 뿌리라고도 할 수 있는 선수 육성 시스템의 수준이 이를 쫓아가지 못하고 있다는 것이다. 이는 곧, '절대 승리'를 추구하는 냉정한 프로의 세계에서 갈수록 해외파 선수에 대한 가치 인식과 활용 빈도가 커질 수 밖에 없다는 것을 의미한다. 다시 말해 이는 프리미어리그가 잉글랜드 축구의 든든한 산실이 되어주기 보단, 오히려 잉글랜드 축구계를 벗어나 독자적인 힘이 커진다는 것을 의미하는 것이다. 이 같은 상황에서 잉글랜드 자국내 선수들이 설자리는 더욱 잃어갈 것이고, 이는 자칫하다간 잉글랜드 대표팀의 슬럼프를 장기화시킬 가능성이 있다. 극단적 사항의 하나로 '해외파 선수 제한' 등등과 같은 잉글랜드 축구계의 특단의 조치가 없다면, 갈수록 프리미어리그는 강해지는데, 잉글랜드 축구는 약해지는 비정상적인 구도의 흐름이 지속될 것이다.

(그림 14) 02-03 시즌, 맨체스터 유나이티드 포메이션

(그림 15) 04-05 시즌, 첼시 포메이션

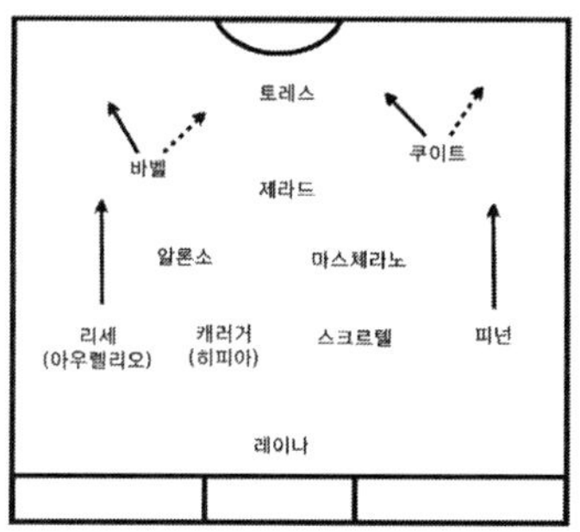

(그림 16) 07-08 시즌, 리버풀 포메이션(챔피언스리그, 리그 후반부)」

하지만, '역습형 4-4-2 System'의 공-수에 걸친 높은 실용성에도 불구하고, 국제축구계의 보편적인 인식은 4-5-1 계열 System을 통한 안정된 경기 운영을 중시하는 추세다. 분명, 21세기에 이러한 성향의 4-4-2 System은 90년대 4-4-2 System이 가졌던 구조적인 어려움을 어느 정도 극복하며 경기 효율성을 높일 수 있다는 가능성을 보이긴 했지만, 근본적으로 4-5-1 계열 System과의 대적시에는 미드필드 지역에서의 숫자 및 위치 경쟁에서 열세 속에 경기를 해야한다는 점을 각오해야 한다. 결국엔, 이 System 운영에서도 2명의 중앙 미드필더가 가지는 부담이 매우 크게 나타나게 된다. 즉, 이들이 기본적으로 놓이게 되는 2대3의 숫자적인 열세 속에서도 냉철한 경기 운영을 통해 수비와 볼 점유, 공격 템포 전환 타이밍에 대한 비전을 적정 수준 이상 이끌어오지 못하면 팀 경기 운영의 틀이 흔들리는 것은 물론, 자칫하다간 우리 진영에서 압박당하며 주도권을 내줄 위험이 커질 수 있다는 것이다(만약, 이 경우엔 2스트라이커가 모두 적진에서 고립되는 문제까지 발생, 팀 전반의 경기 운영에 대한 정체성이 상실될 가능성이 높다. 결국 상황 타개 차원에서 미드필더들의 비생산적인 활동이 어마어마하게 불어날 수 밖에 없다.). 이러한 이유로 결과적으로는 많은 팀들이 전방 공격 운영 보다는 미드필드 안정을 전술 운영의 최우선 과제로 인식할 수 밖에 없다. 따라서 4-5-1 계열의 System이 근대 축구의 가장 명확한 '흐름'으로 떠오르는 건 어찌보면 당연하다(최근에는 4-4-2 System을 활용하는 팀에서도 2스트라이커 중 1명에게는 1-2선의 연계 공격 능력, 1선 압박 가담 능력을 '부분적으로' 요구하는게 일반적이다. 그리고 적지 않은 팀들이 4-4-2 System에서 4-5-1 System 계열로 선회하는 추세다.).

그러나, 분명한 것은 미드필드에서 주도권을 이끌어오지 못하면 4-5-1 계열 System은 분명 1스트라이커가 고립된다는 간과하기 힘든 문제와 맞서야 한다는 것이다. 특히, 4-5-1VS4-5-1의 경쟁이 심화되는 21세기 축구계에서는 앞서 본문에서 상세히 언급했듯, 미드필드에서의 팽팽한 균형이 이뤄지는 예가 많은데, 그만큼 스트라이커가 전방에서 외로운 사투를 벌이는 상황도 필연적으로 많이 일어난다. 전방 스트라이커가 고립되어버리면, '승리'의 필수조건인 '득점력'이 감소하는 어려움에 시달려야 한다는 것은 너무도 당연하다. 따라서 4-5-1 계열의 System이 현대 축구의 어쩔 수 없는 '흐름'임에는 분명하지만, 결코 현대축구에 '명쾌한 해답'을 제시하고 있다고 볼 수는 없는 것이다.

그런 의미에서 2000년대 중반부터는 '역습형 4-4-2 System'과 더불어 아예 스트라이커 없이 경기를 치르는 팀이 곳곳에서 등장해 화제를 일으켰다. 일명, 4-6-0 System이 그것이다(4-4-2, 4-2-3-1 등의 대형에 기초하되, 전문적인 스트라이커 보단 좌-우-2선으로 지속해서 빠져주며 활발히 활동할 수 있는 포워드를 최전방에 배치시켜 2선 플레이어와의 연계 플레이를 강화하는데 주안점을 둔다. 문전 공격의 빠른 스위칭과 유기성을 극대화시켜 창조적인 페네트레이션을 진행시키겠다는데 주요 목적이 있다.). 이 System의 지향점은 문전으로 진입하는 플레이어라면 누구든 스트라이커가 될 수 있다는 것에 있으므로 근본적으로 특정 스트라이커가 고립될 위험은 없다. 그리고 이에 근거해 미드필드 경기 운영을 상대적으로 더 활기차게 유도하면서, 예측불허의 적진 침투를 지속적으로 시도하며 상대 수비진에 혼란을 야기시킬 수 있다. 어떤 의미에서 바라보면, 곳곳에서 등장하고 있는 4-6-0 System의 출현이 4-5-1 System의 종말을 비롯, 새로운 미래를 예견하고 있지 않나?라고 볼 수도 있다(그림 17) (그림 18).

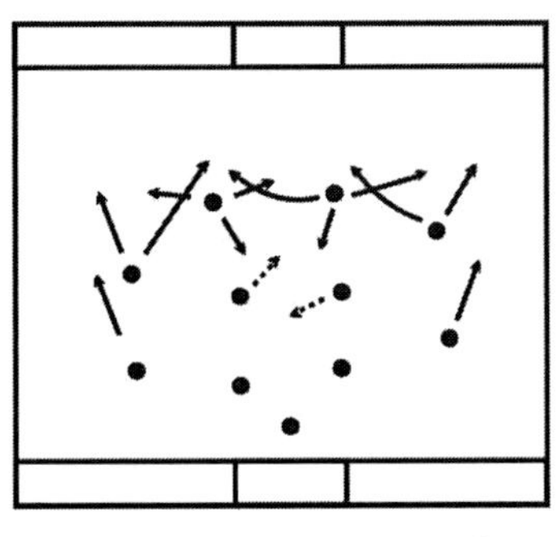

(그림 17) 4-6-0 System (예)

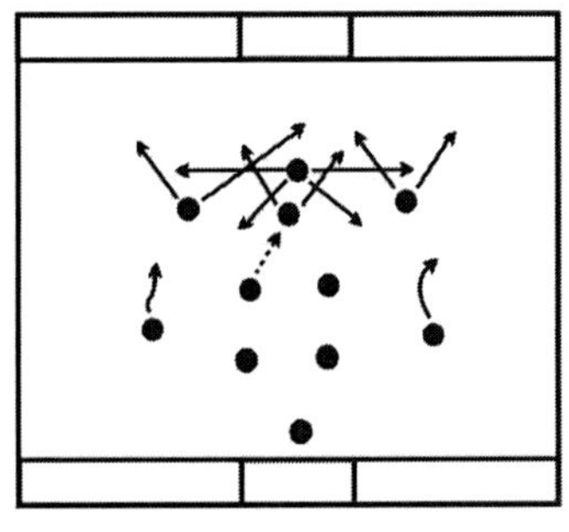

(그림 18) 4-6-0 System (예)

하지만, 4-6-0 System은 높은 활용가치 만큼이나 비효율적인 가치도 동시에 공존한다. '공격의 기준(공격의 목표는 골이다. 즉, 여기에서는 득점의 기준이 되어 줄 수 있는 선수- 슛의 최대 거점 확보 및 슛의 결정에 능하고, 슛 가능 지점에서 상대 센터 백과의 지속된 위치 경합을 통해 어떤 형태로든 볼을 받아 이를 지켜 줄 수 있는 선수 -를 말한다.)'이 되어줄 수 있는 선수를 마땅히 두지 않고 공격을 운영하게 되면, 측면에서 문전으로 넘어오는 크로스 패스, 2선-3선에서 문전으로 넘어오는 중거리-먼거리 패스에 대한 점유가 약화될 가능성이 높다. 이것은 곧, 상대 수비를 깊게 물러서게하며 2선의 공간을 만들거나, 좌-우로 벌어뜨려 테크니션들의 활동 공간을 창조하는 패턴을 능률적으로 만들어가지 못할 공산이 다분하다는 것을 의미한다. 때문에 4-6-0 System을 활용하는 팀은 항상 적진의 여러 구역을 착실하게 거쳐가며 소모적인 패턴 변화와 더불어 동적인 공격을 '어떻게든' 추구해 나가야 하는 상황에 놓이게 되는데, 이 경우 자칫, 공격 선수들의 물리적인 신체능력(스피드, 민첩성, 체력, 기동성, 컨디션, 활동력, 활동폭)과 기술, 창조성에 너무 많은 것이 의존될 위험이 있다. 이는 상대의 압박이 거세면 거셀수록 그 만큼 더 크게 나타나게 되며, 이와 비례해 공격선수들의 활동 및 정신적 스트레스도 커지게 된다. 이처럼, 언뜻 보면 상당히 미래지향적인 듯해 보이는 System 운영이긴 하지만, 엄밀히 들여다보면 오히려 근대 축구에서 생존하기 힘든 몇 가지 뚜렷한 문제가 산재하고 있다는 것을 확인할 수 있다(4-6-0 System 에 대한 보다 상세한 분석 내용은 본문 아래 칼럼 4. 4-6-0 System의 탄생, 새로운 시대의 개막? 참조.).

실제로 4-6-0 System은 주목받는 만큼이나 국제 축구 무대에서 흔하게 보여지진 못하고 있다. 대체로 두 번째 System으로 활용되어지거나, 혹은 강한 조직력을 겸비함을 전제로 아주 높은 '공격 창조성'-'기동성'-'기술 능력'을 겸비한 공격 자원들을 다수 보유한 팀에서만 그 활용빈도가 제한되고 있는 경향을 보이고 있다. 더군다나 이 System을 메인으로 활용하는 팀들 사이에서도 이의 효율성에 대한 의심을 품고 결과적으로는 1스트라이커 계열이나 2스트라이커 계열의 System으로 선회하는 경향을 보이는게 최근 드러나는 추세다. 따라서 4-6-0 System이 적어도 가까운 미래까지는 대유행의 기류를 탈 가능성이 특별히 있어보이진 않는다(물론, 4-5-1 System이 성행하는 최근, 1이 5와 합세해 순간적으로 6을 만들고, 이를 계기로 6의 어느 선수든 전방으로 보낸다는 전략운영이 1의 고립을 방지한다는 차원에서 중요시되고 있는 것이 사실이지만, 이것이 향후 4-6-0 System으로 진화해 나가는 하나의 직접적 '과정' 이 될 가능성은 현재로선 그리 커 보이지 않는다. 골을 향해 적진으로 돌진하며 상대를 뒤로 물러서게 하고, 경기가 풀리지 않을 때라도 언제든 적진 최대 위험 구역, 즉 문전 지역에서 위험 상황을 조성시켜 줄 수 있는 선수는 특히나 수비 압박이 거세고 공간적 여유가 부족해지는 근대 축구에서 존재가치가 매우 크기 때문이다.) (참고 4) (참고 5)

참고 4) 스팔레티 체제의 07-08 시즌 AS로마가 4-6-0 System의 가장 대표적인 팀이다(그림 19). 그들은 문전 침투 능력이 좋은 만시니-페로타-타데이를 활용하기 위해 4-2-3-1 System에 기반한 4-6-0 System을 내세웠다. 주목해 볼 점은 '공격형 미드필더' 토티를 최전방에 위치시켰다는 점이다. 3의 침투를 정교하게 이끌어내겠다는 계산이었다. 토티는 공격진의 좌-우-2선을 부지런히 오가며 3이 침투할 수 있는 기회를 만들어줬다. 비록, AS로마는 이 시즌에 괄목할 만한 성과를 올리진 못했으나, 독특한 전술 운영과 재미있는 공격축구로 국제적으로 크게 주목받았다.

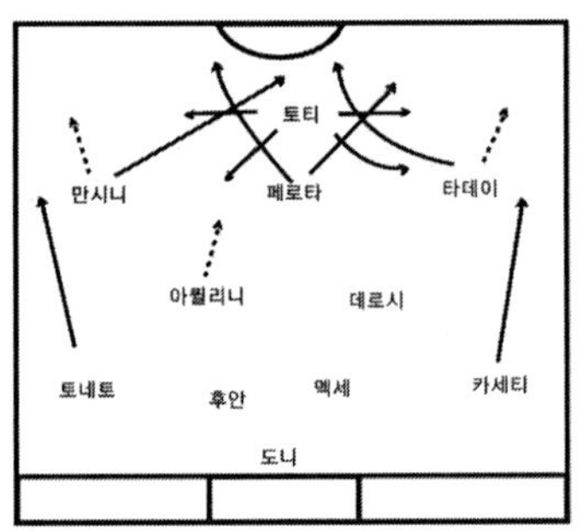

(그림 19) 07-08 시즌, AS 로마 포메이션」

참고 5) 07-08 시즌, 프리미어리그와 챔피언스리그를 동시 석권한 맨체스터 유나이티드는 앞서 본문에서 언급했던 '역습형 4-4-2 System'의 대표적인 팀임과 동시에 4-6-0 System 매커니즘에 있어서도 결코 빼놓고 넘어갈 수 없는 팀이다(그림 20). 퍼거슨은 처진 스트라이커 계열의 테베즈-루니를 전방에 배치한 4-4-2 System을 기본으로 했지만, 이들이 측면과 2선으로 이동하며 상대 수비를 끌고 다니는 사이, 문전으로 침투하는 '우측 윙' 호날두가 실질적인 골 스코어러의 역할을 해줬다(호날두는 윙임에도 프리미어리그에서 31득점, 챔피언스리그에서 8득점을 기록하며 득점왕 2관왕을 차지하는 영예를 누렸다. 상대적으로 '좌측 윙' 박지성은 호날두의 공격성을 최대화한다는 명목하에 수비적인 희생을 감수했다. 참고로 맨체스너 유나이티드는 침투 공격의 위력을 앞세워 리그 38경기에서 무려 80득점, 챔피언스리그 13경기 20득점을 기록하는 놀라운 득점력을 선보였다.)

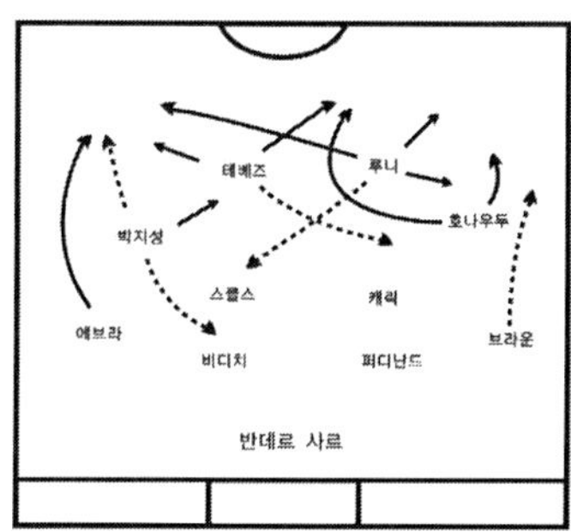

(그림 20) 07-08 시즌, 맨체스터 유나이티드 포메이션」

칼럼 4 4-6-0 System의 탄생, 새로운 시대의 개막?

4-6-0 System의 시대가 열렸다? 전 브라질 국가대표 감독 카를로스 페레이라는 이미 7년전, 이 System을 '미래의 전술'이라고 공언했다. 그리고 요근래 유럽 축구계 일각에선 '스트라이커의 종말'을 예견, 이 System이 머지않은 미래에 국제 축구계에 적지 않은 영향력을 행사할 것이라 내다봤다. 실제로 07-08 시즌, 맨체스터 유나이티드와 AS로마가 이 System으로 유럽 무대에서 성공적인 행보를 이어가며 그 실용성을 입증해냈고, 이를 계기로 이 System은 어느새 국제 축구 무대의 곳곳에서 활용되어지는 System 운영의 한 부류로 자리잡았다.

그렇다면, 4-6-0 System은 도대체 어떤 System이고, 또 어떤 매력을 지니고 있길래 국제축구계가 이를 주목하는 것일까? 그리고 과연 이

System이 머지않은 미래에 최근 성행하는 4-5-1 System을 대체할 카드로 떠오르게 될까? 또한 스트라이커는 '0'스트라이커 System의 위세에 눌려 정말 종말의 운명을 맞게 될까?

- 4-6-0 System의 공격 운영 매커니즘

4-6-0 System은 기본적으로 4-4-2, 4-2-3-1 등에 근간을 두지만, 포워드진에는 적진 수비 뒤를 공략하는데 많은 힘을 쏟는 스트라이커보단, 2선과 측면으로 이동해가며 미드필더와 직접적으로 협력할 수 있는 다재다능하고 활동적인 포워드가 배치된다. 이를 통해 공격 진격 단계에서 '포워드가 미드필더와 합세해 중원에서 6을 만들고, 이 중, 적진 문전으로의 진격에 있어 주어진 상황에 가장 적합한 선수가 과감히 침투해 들어가며 기회를 노린다'는 것에 주안점을 둔다. '미드필드를 보다 활기차게 만들면서 예측불허의 침투패턴을 다양하게 이끌어내며 적진에 혼란을 가중시킨다' 이것이 4-6-0 System의 궁극적인 지향점이자 목표다.

- 4-6-0 System의 효율적 가치

이 같은 4-6-0 System 운영의 구조적인 특성은 향후 수비 운영의 패러다임을 바꿀 수 있을 만한 크나큰 특징을 안고 있다. 포워드가 자기 전담 구역을 떠나 미드필더와 합세하게 되면, 이 순간 이에 대응하는 상대 센터 백 듀오는 마크 대상자를 잃게 된다. 2명의 스위퍼가 뒷 선을 커버하는 기형적인 형국에 처하게 된다는 것이다. 이 때, 상대 센터 백 2명 중 1명이라도 자신들의 미드필드를 지원하기 위해 전진한다면, 1선의 넓어진 공간을 통해 미드필더의 침투 공격이 탄력을 받을 수 있게 된다. 만약, 상대 센터 백 2명이 모두 뒷 선을 단단히 지키기만 한다면, 미드필드에서 숫 적 우위를 점할 수 있게 된다. 즉, 상대 수비로 선 이러지도 못하고 저러지도 못하는 형국에 처할 위험에 놓이게 되고, 이 경우, 반대로 우리로선 혼돈에 빠진 적진 수비를 주도적 입장에서 공략할 수 있게 된다는 것이다.

- 4-6-0 System의 비효율적 가치

하지만, 4-6-0 System은 실용적인 측면에서 하나의 비효율적인 가치를 안고 있다. 경기 패턴이 정적으로 이끌리게 되면, 그 흐름에 말릴 위험이 있다는 것이다. 구체적으로 알아보자. 상대 센터 백과 지속 경합하며 위험 구역에서 볼을 컨트롤 해줄 수 있는 스트라이커를 두지 않고 경기를 한다는 것은 곧, 몇 단계를 뛰어넘어 단번에 적진으로 진입할 수 있는 패턴창출이 어렵다는 것을 의미한다. 따라서 4-6-0 System을 쓰게 되면 플레이구역을 착실하게 거쳐가며 어떻게든 창조성, 기술, 다이내믹함에 의존해 적진 공략의 해법을 찾아야 한다. 이러한 이유로 수준급의 공간압박을 펼치는 팀을 만나게 되면, 공격을 풀어가는 과정에 있어 큰 어려움에 봉착할 위험이 있다. 만약, 이 상황에 힘겨움을 호소하게 될 경우, 위의 전술 효과를 실감하기도 전에 공격 동력의 에너지가 모두 소진되어 버릴 수도 있다.

- 21세기 축구계에서 스트라이커의 존재 가치

또 하나 짚어야 할 것은 전통 스트라이커를 활용함으로써 얻어지는 전술적 효력이다. 상대 최후라인 선상에서 그 후방을 집요하게 공략해 들어가는 '영리하고 결정력있는' 스트라이커의 존재는 상대에게 수비라인 위치 컨트롤에 대한 부담을 안긴다. 그리고 1선에서 항상 수비 뒤로 깊이 들어가며 볼을 받아줄 선수가 있다는 것은 단 번에 적진 위험 지역으로 진입하는 공격 패턴 창출을 용이하게 만든다. 이 같은 요인들은 상대 수비의 방어 범위를 그라운드 전 지역에 걸쳐 넓게 유도해가며 플레이지역 내의 공간 활용 빈도를 능률적으로 높일 수 있는 바탕이 된다. 특히, 1자수비로 라인을 컨트롤하며 전-후진을 결정하고, 미드필드-수비, 좌-우 간격을 좁혀 압박하는 최근 축구 동향에선 더욱 가치가 있다.

- '결론' 스트라이커는 소멸하지 않는다. 따라서 4-6-0 System의 유행은 없다.

4-6-0 System이 가지는 강점을 무시할 순 없지만, 동시에 단점 또한 묵과하기 힘들다. 그리고 골 마무리의 거점이 될 뿐만 아니라 공격의 기준으로써 공간 창출의 잠재적인 핵심 전력이 되는 스트라이커의 존재가치는 현대 축구에서 '결코' 쉽게 버릴 수 있는 것이 아니다. 그러므로 여전히 국제 축구계는 1선 포워드진 구성에 있어 스트라이커를 중용할 것이다. 즉, 4-6-0 System이 유행하는 일은 적어도 가까운 미래까지는 일어나지 않을 것으로 보인다(실제로 4-6-0 System은 주목받는 만큼이나 빠르게 활성화되진 못하고 있다. 오히려 이 System을 통해 2000년대 중반에 큰 업적을 남긴 팀들이 다시 스트라이커를 두는 방향으로 선회하고 있는 것이 최근의 추세다.).

단, 1선 포워드 숫자가 줄어드는 현세의 흐름에서 스트라이커는 항상 고립의 위험에 노출되어 있다는 사실을 인지하며 이를 극복하기 위해 미드필더와의 연계 플레이를 소홀히 생각해선 안된다. 스트라이커 고유의 움직임을 기준으로 삼되, 필연적으로 다재다능해져야 하는 것이 최근 스트라이커들이 떠안아야 할 숙명인 것이다.』

이처럼, 4-4-2, 4-5-1, 4-6-0 System 모두 구조적, 활용적 문제를 안고 있는 현실에서 최근, 즉 2000년대 후기로 접어들면서부터는 근래 세기적인 성과를 올리고 있는 FC 바르셀로나식 4-3-3 System이 조명받고

있다. 그들의 4-3-3 System은 보통의 4-3-3 System과 한 가지 차이가
있다. 대게 4-3-3 System을 활용하는 팀들은 미드필드진의 위험성을
최소화하기 위해 수비시엔 윙 포워드를 2선으로 내려 수비에 가담토록
한다(그림 21). (때문에, 보편화된 최근 4-3-3 System은 흔히 4-5-1 System 계열로 분류된다.).
하지만, FC 바르셀로나는 윙 포워드가 높은 지점의 관활 구역 외의 지
점에선 수비를 하지 않으면서 공-수 어떤 상황에서든 항상 스트라이커
와 근거리를 유지한다. 이로서 그들의 4-3-3 System은 수비시에도 그
대형에 변화가 일어나지 않는다(그림 22) (그림 23).

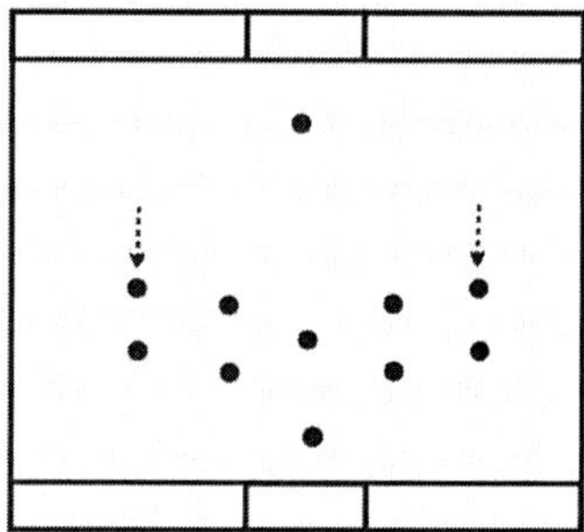

(그림 21) 4-3-3 System의 일반적 수비 전환 형태

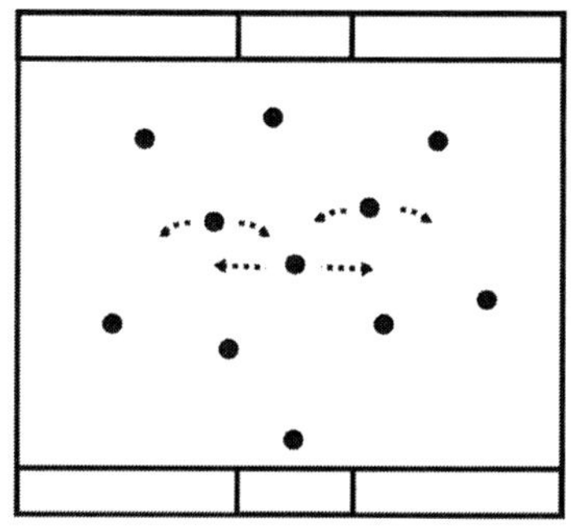

(그림 22) FC 바르셀로나의 수비 운영 형태

(그림 23) 05-06 시즌, FC 바르셀로나 포메이션

2003년, FC 바르셀로나에 부임해 21세기의 FC 바르셀로나 전술 토대를 확립한 프랑크 레이카르트의 궁극적인 생각은 이것이었다. '공-수, 좌-우를 좁힌 하나의 블록 대형이 볼에 전체적으로 대항하며 높은 지점에서 압박하고 공격한다+유연한 공격축구를 실현시키며 승리의 주도권을 주체적 입장에서 이끌어간다'. 그는 이를 위해 선수시절 그의 스승이었던 아리고 사키의 압박전술과 자신이 어릴적부터 배우고 터득한 네덜란드 토탈사커의 주요 공격이론을 과거 90년대 체코의 즈데넥, 유벤투스의 마르첼로 리피가 제시한 4-3-3 System의 기초 이론(즉 '높은 지점에서부터 압박해 공격 주도권을 가져오는데 주안점을 두고, 윙 포워드를 뒷 선으로 후퇴시키지 않으며 3포워드의 유기성을 높인다)을 토대로 이끌어내는데 주안점을 두었다.

구체적으로 알아보자. 4-3-3 System은 구조적으로 공-수 어느 지역에서든 '삼각존'을 형성하기가 용이하므로 이를 통해 볼 주변에 숫 적 우위를 조성하며 협력수비와 협력공격을 하는데 큰 효력을 발휘한다. 때문에 윙 포워드를 굳이 아래로 처지지 않게 하더라도 선수-선수간의 좁은 간격을 유지해 하나의 유기체적인 대형이 볼을 주시하며 이를 섬세하게 체킹 할 경우, 능률적인 압박과 볼 소유가 가능하다(그림 24). 레이카르트는 이 같은 4-3-3 System의 구조적인 강점을 살려 4-3-3이

4-5-1로 전환되는 상황을 불가피한 상황을 제외하곤 최대한 방지하려 했고, 또한 이를 바탕으로 경기 구성위치를 가능한 한 높은 지점에서 유지시키며 적진 지배의 기틀을 닦으려 했다(4-3-3 System은 또한 수비 전환시, 3 포워드가 즉시 상대 4Back과 대치하며 그들의 1차 공격 움직임을 체킹 할 수 있다는 강점이 있으므로 1 선 압박에 효력을 발휘한다.).

특히, 그는 FC 바르셀로나 선수들이 갖고 있는 기술적 강점을 최대화하기 위해 짧은 패스를 통한 높은 볼 점유율 유지의 필요성을 강조했다(이는 과거 즈데넥과 마르첼로 리피가 압박에 상대적으로 높은 비중을 뒀던 것과는 차별화되는 것이다.). 이를 통해, 레이카르트의 FC 바르셀로나는 항상 볼을 소유하고 주도하는 입장에서 경기를 운영하며 윙 포워드의 압박 수비 부담을 최소화시키는데 성공하는 모습을 보였다(가끔 윙 포워드의 지나친 공격성에 미드필드 측면지점에서 문제가 발생하기도 했지만, 전체적으로 위의 요인들이 이 같은 약점을 능숙히 보호해 나갔기에 팀 경기력에 영향을 끼칠만큼 두드러지게 나타나진 않았다.).

4-3-3 System이 갖고 있는 또 하나의 강점은, 비교적 후방으로 처져 경기를 운영하는 공격지향 중앙 미드필더의 영향을 받아 윙 포워드가 상대 진영에서 우군 스트라이커와 보다 직접적으로 협력하는게 가능하다는 것이다. 특히, 4-3-3 System의 구조적 잇점과 이를 근거로 최상 효과를 발휘하는 전방 압박-높은 볼 점유율을 통해 윙 포워드의 후퇴 및 수비 부담을 최소화하는 FC 바르셀로나의 전술 운영에선 3포워드가 훨씬 더 긴밀하게 연계하며 적진 공략 해법을 풍부하게 이끌어낼 수 있었다(당시 FC 바르셀로나의 윙 포워드인 호나우딩유와 지울리(메시)는 거의 모든 시간동안 공격에 전념하며 3포워드를 앞세운 팀의 적진 지배력을 한껏 드높였다.).

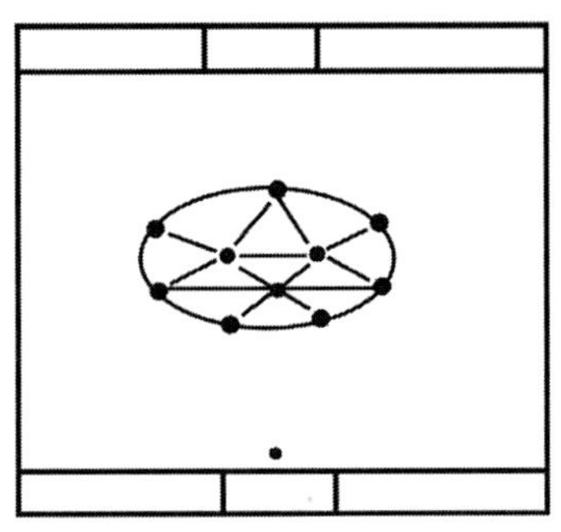

(그림 24) 4-3-3의 공-수 대형내에 생성되는 삼각구도

이처럼, 지속된 삼각존 형성(이를 통한 압박 및 볼 점유 효과 극대화), 3포워드의 활용, 미드필드 중앙 지역 장악(상대적으로 윙포워드-풀 백을 전진배치) 등등 적진 지배를 위한 사항을 이끌어낸다는 차원에서만 놓고 볼 때, 딱히 두드러지는 약점 없이, 아니 오히려 모든 면에서 큰 효율성을 발휘할 수 있는 4-3-3 System이 재능있는 공격자들과 기술이 있는 선수들로 구성된 팀을 만났을 때, 아주 높은 효과를 낼 수 있다는 사실을 레이카르트의 FC 바르셀로나가 똑똑히 보여주었다. 그리고 그의 바통을 이어받은 펩 구아르디올라의 FC 바르셀로나도 최근까지 그 명맥을 꾸준히, 아주 명확하게 이어가고 있다(구아르디올라는 4-3-3 System을 근간으로 하되, 다니 알베스와 메시의 공격적 특성을 살리기 위해 부분적으로 3-4-3 System과 4-3-1-2 System을 적절히 병행하는 융통성을 발휘하며 팀 공격성을 더하고 있다.). 심지어는 2010 남아공 월드컵에서 이 System에 근거한(물론, 다소간의 활용적인 차이점이 있긴 하지만) 스페인 국가대표팀이 결국엔 세계 챔피언에 등극했다. 4-3-3 system에 근거한 스페인 축구의 지속된 성공, 이는 분명, 근래 국제 축구계의 능력있는 팀들에게 시사하는 바가 결코 적지 않다.

하지만, 스페인 스타일의 4-3-3 System을 구현해내는 것은 상당한 수준의 기술력-전술력-조직력이 뒷받침 되지 않는 이상, 대단히 힘들다. 그들이 근본적으로 제시한 '패싱 축구'-'압박 축구'는 현대 축구에서 그 어떤 팀도 거스를 수 없이 받아들여야 할 '필수 사항'이긴 하지만, 이를 전제로 한 '공세적인 축구'는 보편화되긴 어렵다. 후방 지역 방어에 대한 위험 부담이 너무 크게 따르기 때문이다. 결국, '선수비 후 역습', 즉 비교적 뒷 선에 무게 중심을 둔 안정된 운영을 근간으로 하면서, '압박'-'패싱' 등을 곁들여 경기 구성 위치를 상황에 따라 적절히 조정해 나간다는 것이 앞으로 절대 다수의 팀들이 현실적으로 받아들일 게 될 전술 운영의 근본 사항이 될 가능성이 높다. 실제로 스페인 스타일의 거대한 성공에도 불구하고, 이러한 흐름은 마치 당연하다는 듯이 국제 축구 무대에서 연출되고 있다.

이를 토대로 최근 부각되고 있는 '3선-4선 대형의 붕괴'라는 전술 사항에 대해 주목해 볼 필요가 있다. 기본적으로 축구 포메이션은 공격-미드필드-수비의 3선 구도에 근거하여 구성된다. 이는 점차 미드필드를 강조하는 시대적 흐름에 의해 공격-미드필드 1선-미드필드 2선-수비의 4선 구도로 세분화 되어 보편화되었다. 그런데, 최근 들어서는, 이 3선과 4선이라는 틀이 '완벽히' 깨어진, 유기적 공-수 대형이 '완전체'로 거듭나는 사례가 잦아지고 있다.

핵심은 미드필드 라인의 '대각선식 배치'다. 예를 들어, 4-4-2의 미드필더진을 대각선식으로 두면 4-4-2와 4-3-3의 경계선상이 무너져 두 가지 System이 낼 수 있는 전술 효과를 동시에 끌어내는 것이 가능하다는 원리다. 특히, 최근에는 '미드필드 강화'-'탄탄한 수비'-'안정적인 볼 점유율 확보' 차원에서 '더블 보란치(2명의 전문적인 수비형 미드필더)'를 둔 4-2-3-1 System이 다시 득세하는 추세라 이 System에 기반한 '대각선식 미드필드진 배치(4-2-3-1에선 미드필드 1선을 대각선식으로 두는 것이 일반적이다)'가 서서히 각광받고 있다(그림 25) (참고 6).

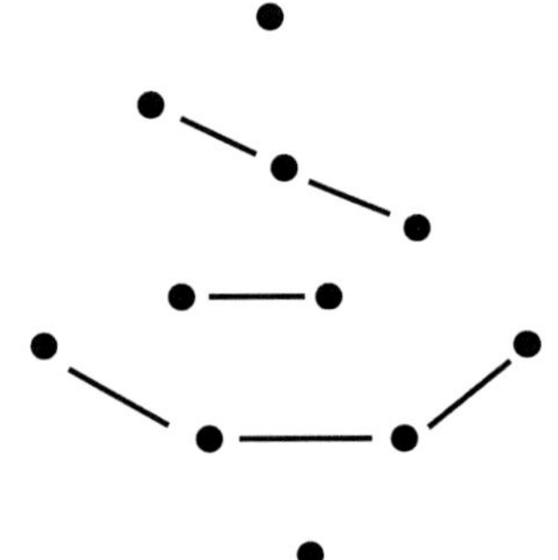

(그림 25) 4-2-3-1 System 대각선식 배치

참고 6) 2010 남아공 월드컵 당시, 카를로스 둥가가 이끌었던 브라질 대표팀이 대표적이다. 이 팀은 브라질 전통의 4-2-2-2 System에 근거했지만, 1선-미드필드 1선 사이에서 활동하는 '좌측 스트라이커' 호빙요와 미드필드 1선-미드필드 2선 사이에서 활동하는 '우측 공격형 미드필더' 엘라누를 둔 '변칙적' 경기 운영으로 국제적 화제를 낳았다. 대다수의 축구 전문가들은 그들의 포메이션을 어떻게 표기해야 할지 혼란스러워 했다. '전통의 4-2-2-2 System'이라고 명명하는 이들이 많았지만, 미드필드 1선을 '대각선식'으로 둔 '변칙 4-2-3-1 System이라고 해석하는 이들도 '결코' 적지 않았다. 그리고 이러한 변화적 포지션 운영을 보다 정형화 된 시각으로 보는 이들은 이들의 대형을 '변칙 4-3-1-2(혹은 4-3-2-1) System'이라고 해석하기도 했다. 중요한 것은, 둥가의 팀이 '어떤 System'에 기초했느냐가 아니라, 1선-미드필드 1선-미드필드 2선의 '경계선상'을 완벽히 허물며 4-2-2-2, 4-2-3-1, 4-3-1-2가 낼 수 있는 전술 효과를 그라운드 내에서 다채롭게 발산시켰다는 것이다. 이를 토대로 한 그들의 섬세하고 끈끈한 경기 운영은 '무적함대' 스페인의 패싱 축구와 더불어 월드컵 8강 이전까지 크게 주목받았다.」

정리하자면, 국제 축구의 전술 흐름은 비교적 뒷 선에 무게 중심을 둔 안정지향성에 근거하면서, 상대적으로 멀어진 전방으로의 신속·정교한 연계 능력과 공·수 균형성을 확보하기 위해 그 방법의 일환으로 '미드필드진의 대각선식 배치'가 떠오르고 있다고 볼 수 있다.

물론, 양측에 다른 성향의 선수를 두어 위와 비슷한 효과를 이끌어내는 방식은 아주 오래전부터 전술적으로 중요시되는 사항 중 하나였으나, 최근 들어서 고정적 인식에 사로잡히지 않은 영리한 지도자들과 개성 강한 선수들을 통해 '위치'와 '역할'적인 측면에서 더욱 구체화되고 다채로워져 가고 있다.

이 흐름은 갈수록 뚜렷하게 대두될 것으로 보인다. 이는 곧, 지도자와 팀 구성원들의 명석한 두뇌 및 전술적 역량에 대한 중요성이 비례적으로 커질 수 밖에 없음을 의미한다.

02

브라질 축구 역사 : 국가대표팀 '현실주의 20년' 분석

The history of soccer in Brazil: the analysis of the national

soccer team "for 20years in Realism"

이수열, 인하대학교

Lee, soo-yourl, Inha univ.

- 국문 요약 -

본 연구를 통해 근대 브라질 축구 대표팀의 전술 변천 역사를 정확히 이해하고자 한다. 2차 세계대전 후, 전 포지션에 걸쳐 세계 정상급 선수들을 꾸준히 배출해 온 국가는 전 세계에서 브라질이 유일하다. 그럼에도 불구하고, 브라질 대표팀은 60년대 후반을 기점으로 전술 정체성에 대한 '갈등의 역사'에 오랫동안 시달렸다. 결정적 이유는 전통적 경기 방식과 국제 축구의 흐름 사이에서 오는 '괴리'에 있었다. 80년대까지는 '현실주의자'들의 반대에도 불구하고, '전통주의'가 자국 내에서 굳건하게 주도권을 행사했다. 하지만, 70 멕시코 월드컵 이후 약 20년간 전통주의로 인한 실패의 역사가 반복되자, 90년대로 접어들면서부터는 '현실주의'가 득세했다. 그런데, 전통적 경기 방식에 익숙한 브라질 축구가 이것을 받아들이는 것은 결코 쉬운 일이 아니었다. 결국, 그들은 '시행착오의 역사'와 필연적으로 맞설 수 밖에 없었다.

-영문 요약-

This study attempts to be written for accurately understanding the strategic history and transition of Brazil soccer team. Since Second World War, it is only Brazil which has constantly produced the world's best soccer players across all positions in the world. In spite of this good result, the Brazil soccer team has undergone endless strings of trouble about tactical identity since late 1960. The definite reason for that conflict is because the gap between the traditional game and the way of international game. Until 1980, under the opposite of realists, traditionalists took a lead firmly in Brazil's soccer history. However, after 1970's Mexico World Cup, Brazil had experienced a lot of failure at the bottom of Traditionalism for 20 years. After that, Realism had obtained power more and more and in 1990's that power become firmly harden. But it was very difficult situation to Brazil soccer team which was familiar to traditional game means. Ultimately, They inevitably had to face the history of trial and error.

Key word : Brazil soccer team, Traditionalism, Realism, Conflict, Trial and error,

E-mail : lucio04@hanmail.net

|서 론|

(현실주의의 대두에 대한 원인 규명,
그리고 이 연구의 필요성과 논문의 방향)

　58 스웨덴 월드컵~62 칠레 월드컵까지만 하더라도 브라질 대표팀엔 적수가 없었다. 선수들의 기량도 우수했지만, 무엇보다 전술적으로 앞서 있었다. 구체적으로 WM(즉, 3-2-2-3) System이 팽배한 시대엔 4-2-4 System을(58 스웨덴 월드컵), 4-2-4 System이 팽배한 시대엔 4-3-3 System을 내세우며(62 칠레 월드컵) 공-수 상황에서 숫자 싸움을 지혜롭게 해냈다는 것이다(그림 1) (그림 2). 하지만, 자신들이 구축한 4-3-3 System이 62 칠레 월드컵 이후 대유행의 기류를 타면서 위기가 찾아왔다. 중원 싸움이 가열된 탓에 경기 중 많은 시간 동안 3포워드가 상대 4백에 묶이는 구조적인 문제를 안게 되었기 때문이다. 이러한 구도에선 집중 견재를 받는 '간판 공격수' 펠레가 경기를 풀어주지 못할 경우, 공격진이 영락없이 고립되는 사태가 일어날 수 밖에 없었다. '개인전술의 긴밀한 협력을 통한 리드미컬한 공격 조화'를 전술 운영의 근본으로 삼는 브라질 축구에 이는 치명상을 안길 수 있는 위험요소라고 볼 수 있었다. 이러한 불안요인은 66 잉글랜드 월드컵에서 펠레에게 가해지는 유럽 팀들의 '폭력적인' 견재와 이에 관대했던 심판진의 영향 탓에 크게 드러났고, 결국 브라질 대표팀은 1승 2패의 초라한 성적으로 예선 탈락했다. 대부분의 자국 축구인들은 당시의 실패 요인을 '심판탓' '스포츠 정신을 잃은 유럽 선수들 탓'으로 돌렸지만, 냉정한 시각을 지닌 일부 축구인들은 '브라질 전통 축구의 한계성'을 직감했다.

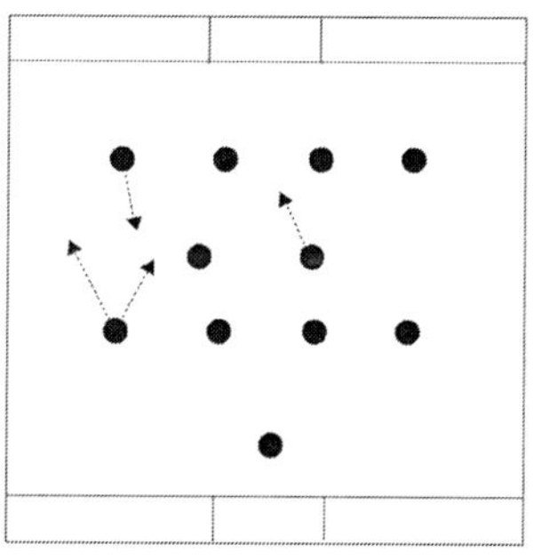

(그림 1) 58 월드컵 당시 브라질팀 System(4-2-4)

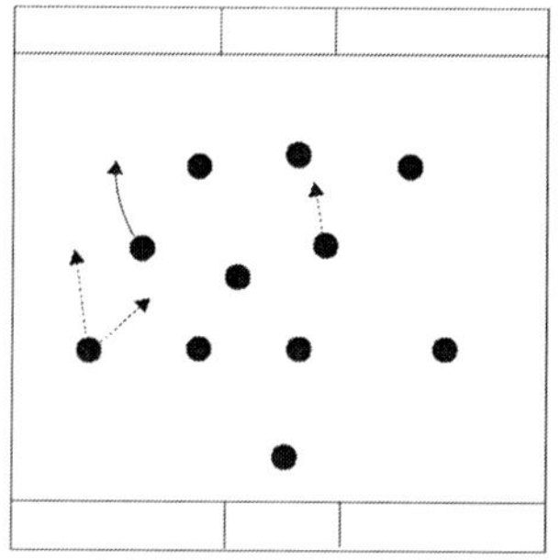

(그림 2) 62~66 월드컵 당시 브라질팀 System(4-3-3)

물론, 70 멕시코 월드컵 당시, 마리우 자갈루가 시행한 파격적인 공격 전술 (그림 3) (자갈루의 팀은 4-3-3 System을 가장한 3-3-4 System의 균형을 대부분의 시간 동안 유지하면서 때에 따라 3-2-5, 2-3-5 System으로 적절히 변환해가는 파격적인 경기를 펼쳤다. 이는 좌측 풀 백 에베라우두가 '측면 공격 옵션' 우측 풀 백 카를로스 알베르토가 '우측 공격의 뚜렷한 루트' 가 되어주면서 가능했다. 참고로 이전의 62, 66 월드컵 당시의 팀은 '측면 공격 옵션' 이 되는 풀 백 1 명-' 수비적인' 풀 백 1명의 조합을 통해 4-3-3을 기준으로 대부분의 경기를 치르면서 때에 따라 3-3-4 로 전환되는 경기 방식에 의존했다.)이 멋지게 들어맞으며 명예회복에 성공했지만(6전 전승, 19득점 7실점의 완벽한 기록으로 대회 3회 우승 달성에 성공했다.), 이것이 브라질 대표팀의 장래를 보장하는 것은 아니었다. 이미 당시 국제 축구 흐름이

4-3-3에서 4-4-2로 넘어가는 시대를 맞이하고 있었을 만큼, 뒷 선 조직에 대한 중요성이 갈수록 강조되어 나갔기 때문이다. 결국, 현실적 경기 방식의 필요성이 대두될 수 밖에 없는 흐름에 의해 70년대로 접어들면서부터 브라질 축구계는 대표팀 정체성을 놓고 갈등 국면을 맞게되었다. 즉, '갈수록 방어 대형의 강한 조직이 중시되는 시대적 흐름에 맞서, 전통적 성향을 살린다는 명목 하에 공격 비중을 모험적으로 높여갈 것인가(즉, 전통주의)', 아니면, '국제적 주류를 쫓아 실리를 추구해 나갈 것인가(즉, 현실주의)'에 대한 갈등과 대립의 역사가 시작되었다는 것이다. 그런데, '공격적이고 재미있는 축구로 세계를 평정했다'는데 대한 자부심, 국제 축구의 보편적 경기 성향에 대한 이해 부족 등등의 영향에 의해, 일부 현실주의 세력(?)들의 비판에도 불구하고 전통주의가 여전히 브라질 대표팀을 지탱하는 기반이 되었다. 이는 곧, 70 멕시코 월드컵 이후, 그들이 오래도록 '실패의 역사'에 시달하게 된 결정적인 이유였다.

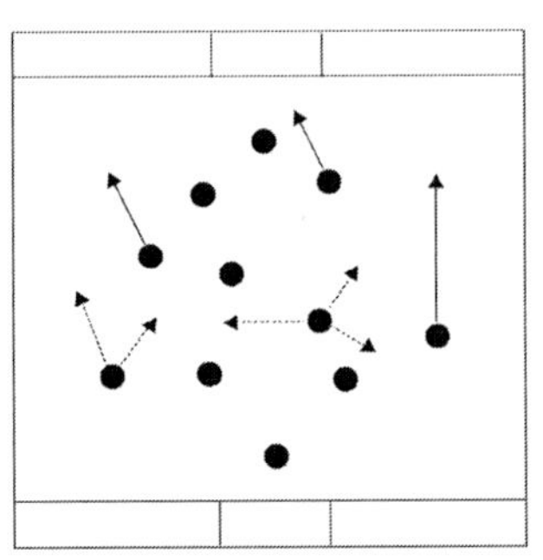

(그림 3) 70 월드컵 당시 브라질팀 System(4-3-3)

70년대부터 브라질 대표팀은 미드필드가 강화되는 국제 축구의 흐름에 적응하기 위해 전통의 4-2-4 System에서 4포워드를 2개의 라인으로 둔 '변형 4-2-4' 즉, 4-2-2-2(2-4-2-2) System을 주로 활용했다. 2스트라이커 아래 지역에 위치한 두 명의 2선 공격수는 기본적으로 1선과 근접한 지점에서 공격적으로 움직였지만, 유사시, 미드필드 경기 운영을 적절히 보조하며 균형의 붕괴를 방지해줬다. 그리고 좌-우 균형을 맞추기 위해 공격 1선이 다소간 좌측으로-공격 2선이 비교적 우측으로 치우친 방식을 취하거나, 혹은 그 반대의 방식으로 대형을 꾸리는 예가 잦았다. 또한 풀 백의 공격력에 대한 전술적인 비중이 60년대에 비해 더욱 높아졌다(그림 4).

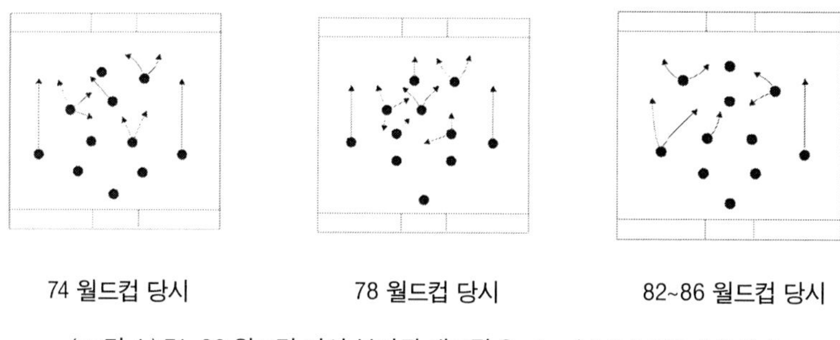

74 월드컵 당시　　　　78 월드컵 당시　　　　82~86 월드컵 당시

(그림 4) 74~86 월드컵 당시 브라질 대표팀 System(4-2-2-2〈2-4-2-2〉)

〈74~78 월드컵 당시 브라질 대표팀은 2선 공격진 구성원 중 1명이 1선 후방 지역을 폭넓게 활부하며 전방 공격 전반을 진두지휘하고, 다른 1명이 1선으로 자주 진입해 들어가는 방식을 택했다. 반면, 82~86 월드컵 당시 브라질 대표팀은 2선 공격진 구성원 2명을 모두 1선 후방 지점을 중심으로 활동토록 하며 침투 패턴을 다양화하는 방식을 취했다.〉

〈주목해 볼 점은 갈수록 뚜렷해진 풀 백의 공격화 과정이다. 74 월드컵에선 1명만이 공격적으로 비중있게 활용되어진 반면(다른 1명은 공격 옵션 정도의 기능을 발휘했다.), 78~86 월드컵에선 2명 모두가 이 사항에 있어 중용되었다. 이유는 국제적 추세에 대응한다는 차원에서 크게 두 가지가 있

다. 하나는 공격성을 잃지 않기 위함이고, 다른 하나는 특유의 개인전술과 기술에 대한 응집력을 잃지 않기 위해 중앙 밀집 빈도를 높여가기 위함이다. 참고로 후자는 브라질 축구의 특성과 깊이 관련된 사항이므로 공격 보단 공-수 균형을 추구하는 현대 브라질 대표팀에도 크게 영향을 끼치고 있다.〉

결과적으로 74 서독 월드컵~86 멕시코 월드컵 당시의 팀은 모두 대회 '최고의 팀'으로 주목받았음에도 불구하고(특히, 82년 당시의 팀은 '역대 최강' 이란 평까지 받았었다.) 염원하던 월드컵 우승을 이뤄내지 못했다. 우승은 커녕, 항상 4강 문턱에서 한계를 드러냈다. 물론, 성공과 실패를 반드시 '성적'만으로 따질 수는 없지만, 당시의 팀들이 모두 '강한 수비 후 역습'을 잘 구사하는 팀을 맞아, '도중 차단→중원 수비 붕괴→수비진 공간 노출'이란 동일한 패턴에 의해 중도 탈락했다는 점은 결코 좌시할 수 없는 부분이었다.

더욱이, 86 멕시코 월드컵 이후 압박 축구의 유행이 '본격' 가시화되면서 브라질로서도 더 이상 전통주의를 고집할 수만은 없는 처지에 놓이게 되었다(왜냐하면, 압박에 중원이 막히는 구도에선 '도중 차단' →' 역습 허용' 의 위험도가 이전보다 더욱 높아질 수 밖에 없기 때문이다.). 이렇듯, 실패의 역사에 대한 회의와 압박 축구로 인한 필연적 흐름에 의해 브라질 대표팀은 본격적으로 '현실주의의 시대'를 맞게 되었다.

90 이탈리아 월드컵을 시작으로 2010 남아공 월드컵에 이르기까지 한 번을 제외하곤(2006 독일 월드컵 당시의 대표팀, 참고 1 참조) 모두가 '현실주의'를 전술 구성의 기본으로 채택했다. 하지만, '완전한 현실주의'를 구현하기까지 브라질 대표팀은 오랜 시간에 걸쳐 잦은 전술적 시행착오를 겪어야 했다.

결국, 탈현대 브라질 대표팀 전술 역사는 '현실주의가 주도권을 잡는 시대적 국면 전환'→'시행착오의 역사'로 그 흐름이 진행되었다고 해석 가능하다. 이 과정에 대한 연구는 근대 브라질 축구 역사를 이해하는 데 있어 굉장히 중요한 의미를 지닌다고 사료된다. 본론에서 이 관련 구체적 내용을 각 월드컵 대표팀의 주요 전술 분석을 통해 상세 언급 했다. 그리고 결론에선 전반적 내용을 간략히 정리한 후, 이를 토대로 현실주의의 향후 방향성에 대해 짚어보았다.

참고 1) 현실주의의 시대에서 전통주의로 회귀한 예가 딱 한 번 있 었다. 2006 독일 월드컵 당시의 팀이 그랬다. 카를로스 페레이라 감독 이 이끌었던 이 팀은 멤버 구성상 70, 82 월드컵 당시 못지않은 '역대 최강'의 전력을 꾸렸었다. 이러한 까닭에 브라질 축구계는 '이 때야 말 로' 가장 브라질적인(즉, 전통적인) 방식으로 정상에 오를 수 있는 적기라 고 봤다. 페레이라 감독 역시 호나우두-호나우딩요-카카-아드리아누-호 빙요-카를로스-카푸 같은 공격 자원들을 두고 수비강화에 기반한다는 그 자체에 대한 회의적인 시각을 나타냈다. 결국 그들이 내세운 전술 모토는 7-80년대에 자신들에게 연속된 실패를 안긴 공격적인 4-2-2 System이었고, 결과적으로 이는 2005 컨페더레이션스컵에서는 팀 우 승의 바탕이 되었지만, 월드컵 무대에선 처참한 경기력을 낳은 원인이 되었다〈 중원에서의 압박이 밋밋하다보니 공-수 균형이 위태위태했다. 16강전까지는 구성원들의 우수한 개인능력을 앞세워 꿋꿋하게 이겨나 갔지만, 8강에서 지단이란 훌륭한 중원 사령관을 앞세운 프랑스를 맞 아서는 한계를 드러냈다. 미드필드를 완전히 내준 브라질은 90분 내내 끌려다니다가 끝내 0 - 1로 패했다. 〉.

물론, 그들의 부진에는 공격 4인방의 조화가- 여러 가지 내부적인 이

유들로 인해 - 월드컵에서 유난히 잘 이뤄지지 못했다는 것도 적지 않
게 작용했지만, 설령 그 조화가 원활히 이뤄졌다 하더라도 '압박'과 '수
비'의 안정이 '필수'로 자리잡은 21세기 축구 흐름에서 균형의 필요성을
간과하고 과거의 공격축구를 그대로 표방한 그들이 월드컵 토너먼트
전의 숨막히는 치열함을 견뎌내긴 힘들었을 것으로 보인다.」

|본 론|

(현실주의 20년 역사, 각 월드컵 대표팀의 전술 분석)

【연구방법】

이 연구는 필자의 저서인 '한눈에 훑어보는 축구 전략의 역사 1'의 브라질 전술 변천 파트에 철저히 기준하여 진행했다. 이를 중심으로, 내용의 깊이를 더하기 위해 개인 소장중인 각 세대 대표팀의 경기 영상과 관련 서적 및 기사, 칼럼 등을 적절히 참조했다.

90, 94, 98, 2002, 2010 월드컵 당시의 팀이 각각 '주로' 활용했던 System의 주요 특징과 장단점에 초점을 두었다. 이 중, 변화의 필요성을 야기시킨 'System상의 구조적·전술적 허점'과 각 세대간의 전술적 연관성에 특히 시선을 집중시켰다.

【들어가기 전에】

본론에 대한 정확하고 쉬운 이해를 돕기 위해 들어가기 앞서 숙지해야 할 몇 가지 사항을 정리해봤다. 첫 째는, 본론에서 비중있게 다뤄지게 될 '중원 압박', '뒷 선 수비' 기반의 전술 틀이 각각 지향하는 목적과 방향이 무엇인지 명확히 알아두자는 것이다. 90 이탈리아 월드컵을 기점으로 어떤 팀이든 수비 구성에 있어 '중원 압박→뒷 선 수비'의 노선을 기본적으로 따르긴 하지만, 어떤 부분에 비중을 두어 운영하느냐에 따라 팀이 지향하는 전술적 목적과 방향은 크게 달라진다. 즉, '중원 압박에 비중을 둔다'='전진 대형을 가급적 유지하며 전방 지향적 경기를 펼친다', '뒷 선 수비에 비중을 둔다'='수비를 우선시하며 주도권의 상황을 엿보는 경기를 펼친다'로 해석할 수 있다.

둘 째는, 역할 개념에 기준하여 공격수-미드필더를 구분할 것이란 점이다. 브라질은 70년대부터 현재까지, 4명이 이룬 공격진을 2명씩 2개의 선으로 구분지은 4선 전형을 선호해왔다. 이 중, 7-80년대까지는 2선 공격진 구성원들까지 '공격수'로 통용되었다. 그런데, 80년대 후반부터는 위의 이론을 그대로 적용시키기 힘들어졌다. 2선 공격진 구성원들의 성향이 '미드필더 화' 되었기 때문이다. 즉, 이 시기를 기점으로 이들 중 1명 이상이 득점 가담(숏 가담, 1선 침투, 어시스트 제공 등등)보단 '미드필드 후방 균형 구축'과 '공격진 보조'에 힘을 집중시키는 사례가 많아졌다는 것이다. 이처럼, 2선 공격진을 반드시 '공격'의 범주에서 언급하기 어려워진 만큼, 필연적으로 역할 개념이 공격수-미드필더 구분에 대한 기준이 될 수 밖에 없다. 그런 의미에서 이에 입각한 몇 가지 사항을 정리해 두고 본론으로 넘어가고자 한다. 즉, '공격수 2명을 두었다'='2선 공격진 구성원 모두를 미드필더적으로 활용한다', '공격수 3명을 두었다'='2선 공격진 구성원 중 1명을 미드필더적으로 활용한다', '공격수 4명을 두었다'='2선 공격진 구성원 모두를 공격적으로 활용한다'가 그것이다.

셋 째는, 3백의 측면 수비 요원에게는 역할 개념을 적용하고, 4백의 측면 수비 요원에게는 위치 개념을 적용해 언급할 것이란 점이다. 즉, 3백 해당자에겐 윙 백, 4백 해당자에겐 풀 백이라고 언급할 것이란 말이다. '공격형 측면 수비 요원'에 대해 역할 개념만을 적용시키면, 3백-4백 해당자 모두 '윙 백'으로 일컬어져야 한다. 반대로 위치 개념만을 적용시키면, 3백의 해당자는 '측면 미드필더', 4백의 해당자는 '풀 백'이라고 일컬어져야 한다. 모두 맞는 표현이지만, 원활한 전술 설명을 위해선 해당 사항에 대해 보다 명확한 정의가 필요하다(전자는 '3백-4백 해당자간의 직접적 구분' 에 있어서, 그리고 후자는   '측면 미드필더란 포괄적 개념 속에서 3백의 해당자를 명확히 정의내리기 힘들다' 는 측면에서 문제를 갖게 될 수 있기 때문이다.). 이러한 까닭에 위와 같은 해석 방법에 기초하여 본론의 해당 부분에 대해 언급하고자 하는 것이다.

넷 째는, System의 의미를 정확히 이해하자는 것이다. System은 '포메이션(포지션의 배치형태)'과 '전술(각 포지션간의 조합과 활용 방식)'의 결합된 의미다. 즉, 'System=포메이션+전술'이라고 정리할 수 있다. 이는 전술 분석 및 해석에 있어 가장 기본이 되는 개념이다. 그런데, 'System=포메이션=전술'로 잘못 인식되는 사례가 빈번하다. 따라서, 이에 대한 개념을 분명히 인식하고 넘어가야할 필요가 있다는 생각에, 본론에 앞서 이 내용을 정리해 보았다.

【결과】

1. 세바스티앙 라자로니 체제의 3-5-2(3-3-2-2) System (90 이탈리아 월드컵)

'전통주의의 연속된 실패'와 '압박축구의 유행'으로 인한 필연적인 흐름을 반영하기 위해 브라질 축구계는 90 이탈리아 월드컵을 앞두고 '현실주의의 대표적인 지도자' 세바스티앙 라자로니를 대표팀 사령탑으로 선임했다(1989. 7). 라자로니는 당시 대유행의 기류를 탄 3-5-2 System에 기반해 압박 축구를 도입했다(그림 5).

하지만, 브라질적 성향이 압박 축구를 받아들임에 있어 3-5-2 System은 큰 위험성을 안고 있었다. 구체적으로 알아보자. 3-5-2 System의 두 가지 특성, 즉 '리베로의 역할 성향에 의해 넓어지는 공-수 간격(고전적 3-5-2 System에서는 스토퍼〈대인방어전문요원〉 2명의 후방 공간에서 노출되는 위험성을 방지하기 위해 리베로가 수비 국면시, 주로 뒷 선으로 이동하며 위치를 선정해야 한다.)'과 '측면 수비진에서 나타나는 공간(3-5-2 System은 구조적으로 측면 수비 요원을 미드필드진에 두기 때문에 측면 수비 공간이 자주 노출되는 특성을 갖는다.)'의 영향 탓에 미드필드 구성원들이 '폭넓은 움직임을 통한 위치 경쟁'을 지속해서 펼쳐야 한다. '체력'·'힘' 위주의 경기 운영이 불가피하다는 것이다. 그러나 '기술' 중심의 경기 운영에 익숙한 브라질 선수들의 근본적 성향은 이와 완벽히 이질적이다. 결국, 브라질 선수들이 위의 System적 요구조건을 충족시키기 위해서는 자기 성향을 탈피하고, 이질적 성향을 추구해야 한다는 결론이 나온다.

여기서 중요한건, 이질화는 어떤 경우에서든 항상 팀 정체성을 모호하게 만들어 이를 타개하려는 선수들의 비생산적인 활동만 증가시킨다는 것이다. 라자로니의 팀도 예외일 수 없었다(특히, '1-2선 연결고리' 즉, '2선 공격진 기수' 바우두의 지속된 희생적 활동은 전술적으로 아주 큰 손실이었다.) (그림 6) (그림 7).

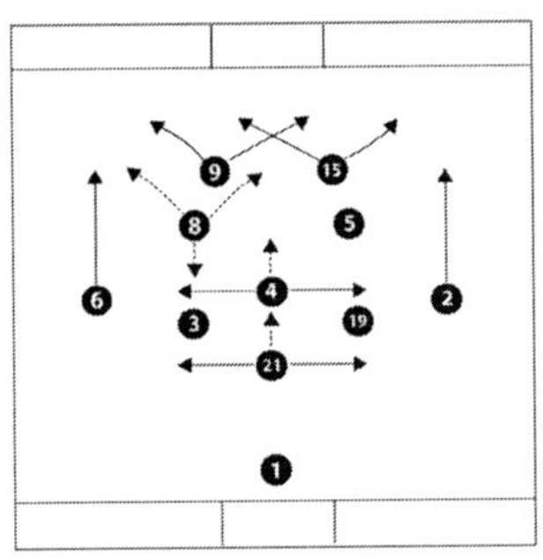

(그림 5) 라자로니의 팀 System(3-5-2〈3-3-2-2〉)

〈①-타파렐 ②-조르징요 ③-R.고메즈(C) ④-C.둥가(C) ⑤-엘레망 ⑥-브랑코 ⑧-바우두 ⑨-카레카 ⑮-뮬러 ⑲-R.로차 ㉑-M.가우방〉

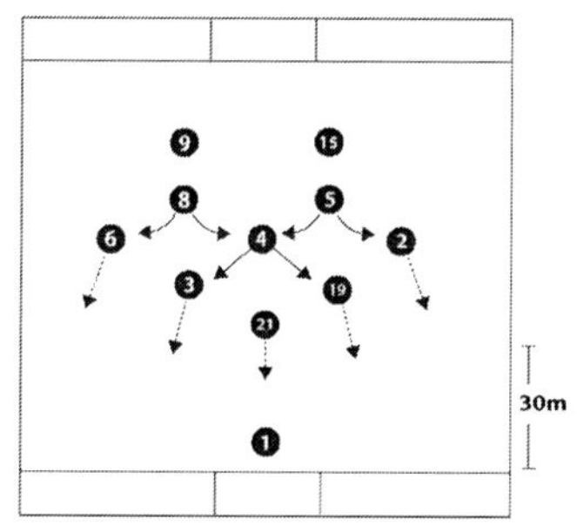

(그림 6) 수비(압박) 형태

〈라자로니의 팀은 중원 압박 균형을 유지하기 위해 많은 노력을 기울였지만, 그럴수록 미드필드-최종 수비(리베로) 사이 공간이 넓게 발생했다. System의 구조적 특성, 그리고 선이 굵게(힘있고 묵직하게) 움직이며 명확한 공간 커버를 해주지 못한 미드필더들의 성향적 영향이 크게 작용한 탓이다.〉

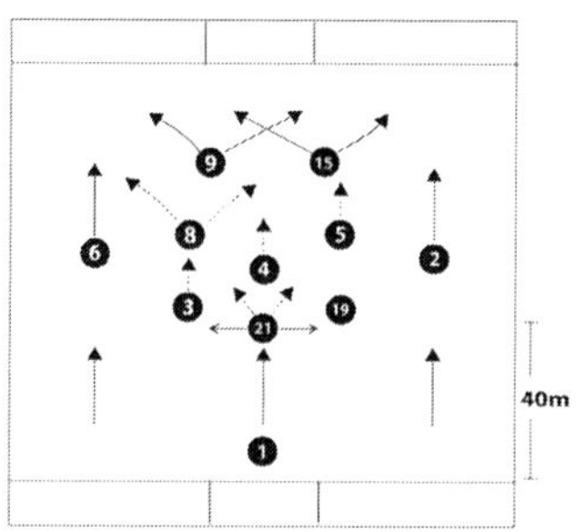

(그림 7) 공격 운영 형태

〈과거에 비해 기술 보다는 미드필더들의 체력적인 면이 스트라이커와의 연계 과정에서 부각되어졌다. 페네트레이션은 주로 '스트라이커' ⑨-⑮의 개인적 능력, '풀 백' ⑥-②의 오버래핑에 많은 것이 의존되었다.〉

　이러한 형국에서 라자로니의 팀은 두 가지의 큰 전술 문제를 노출했다. 하나는 체력-힘의 열세에 따른 중원 저지선의 위태함, 다른 하나는 2선 공격진의 희생적 활동에 의한 공격-미드필드 간의 유기성 약화다. 어설프게 국제 축구계 주류를 쫓다가 '압박' '공격' 중 어느 하나도 명확하게 시행해내지 못한 것이다. 이처럼, 위태한 균형에 묶여있던 그들은 결과적으로 월드컵에서 16강 탈락했다(종합 성적은 4전 3승 1패 4득점 2실점이었다.). 이는 예선탈락했던 66 잉글랜드 월드컵 이래 최악의 성적이었다.

2. 카를로스 페레이라 체제의 4-2-2-2(2-4-2-2) System(94 미국 월드컵)

　94 미국 월드컵 당시 대표팀을 지휘한 카를로스 페레이라는 기본적으로 라자로니가 추구했던 전술적 목적과 그 틀을 적극 수용해 팀을 정비했다. 단, 같은 실수를 반복하지 않기 위해 수비 운영에 있어 한 가지 차별화 된 방식을 강조했다. 후방 라인의 공간 수비를 강화시켜 (즉, 대인방어 체제〈 스토퍼 체제 〉→지역방어 체제〈 센터 백 체제 〉로 전환) 리베로를 수비진 앞 포지션에 정착시킨다는 점이 그것이었다. 목적은 미드필드-수비 사이에서 나타날 수 있는 공간을 꼼꼼히 차단하겠다는데 있었다(그림 8).

　이것이 당시 팀 전술 운영에 끼친 가장 큰 영향은 중원 압박에 대한 탄력성과 효율성을 높였다는 것이다. 즉, 전진 수비 구도를 안정시키며 공-수 대형을 많은 시간 동안 좁게 유지시켰다는 의미다. 이러한 구도에서 그들은 특유의 '기술력' '민첩성' '기민성'을 단단하게 응집시켜 경기 운영 효과를 극대화시킬 수 있었다(그림 9). 이처럼, '강한 압박'과 '특유의 강점'을 명확히 공존시킨 그들의 끈끈한 조직력은 결과적으로 월드컵 무대에서 맹위를 떨쳤다(참고로 당시의 팀은 7전 5승 2무 11득점 3실점의 기록으로 정상에 올랐다.).

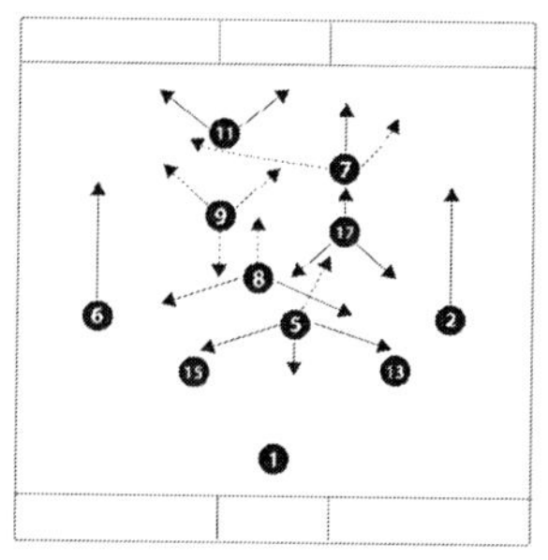

(그림 8) 페레이라의 팀 System(4-2-2-2〈2-4-2-2〉)

〈①-타파렐 ②-조르징요 ⑤-M.실바 ⑥-브랑코 ⑦-베베투 ⑧-C.둥가⒞
⑨-징요 ⑪-호마리우 ⑬-아우다이르 ⑮-M.산토스 ⑰-마징요〉

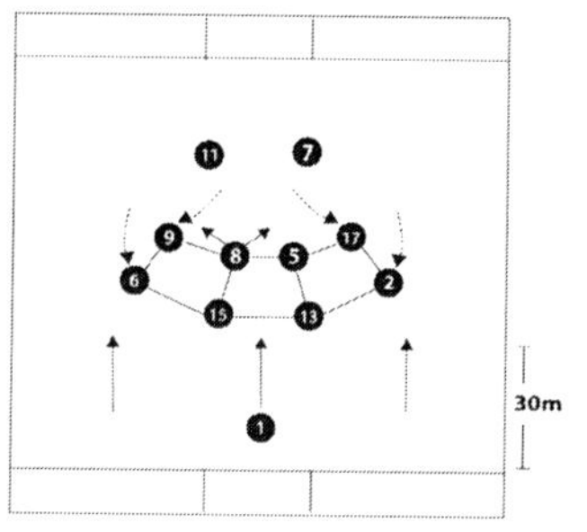

(그림 9) 수비(압박) 형태

〈수비 국면으로의 전환시, 1차적으로 ⑧이 즉시 왕성하고 투쟁적인 움직임을 통해 볼을 가진 상대 선수의 활동에 대한 시간적·공간적 제약을 가하고, 이에 맞추어 ⑤가 ⑧을 직접적으로 보조하면서 압박의 근간을 닦았다. 그리고 이 틈에(⑧-⑤의 콤비 플레이로 인해 상대 공격 속도가 늦춰지는 틈에), 공격 가담했던 ⑨-⑰이 ⑧-⑤의 측면으로 나타날 수 있는 공간을 꼼꼼이 막아주었고, 미드필드 지역에서 정체되는 볼의 방향으로 수비라인이 바짝 전진해주면서 압박의 틀을 완성했다(이 때, 미드필드-수비의 간격은 약 15~20m선에서 유지됨을 근간으로 때에 따라선 10m까지 그 폭을 좁히기도 했다. 그리고 이 대형은 즉시 수비 가동이 가능한 높은 지점에서부터 강한 수비를 시행했다. 참고로 호마리우-베베투 공격 콤비는 수비에 거의 관여하지 않고 반격을 위해 대기했다.）〉

하지만, 2선 공격진 구성원들의 소극적 공격 활동에 대해선 반드시 짚고 넘어가야 한다(구체적으로 징요가 '수비-압박 가담이 많은 2선 공격의 기수', 마징요가 사실상 '간헐적으로 공격에 가담하는 수비적인 미드필더' 로서 활약했다.). 윙을 두지 않는데다가, 후방 미드필더들의 수비적 역할을 중시하는 운영적 특성상, 2선 공격진의 공격력이 높은 중요성을 띤다. 따라서 이들의 소극적 경기 운영은 곧, 매끄럽고 풍부한 공격을 저해하는 요인이 될 수 밖에 없었다. 실제로 당시 브라질의 공격은 2스트라이커의 능력과 풀 백의 오버래핑에 상당부분 의존되는 경향이 강했다(결과적으로 공격 운영에 있어선 90 이탈리아 월드컵 당시 라자로니의 팀과 같은 문제에 시달린 셈이다.) (그림 10).

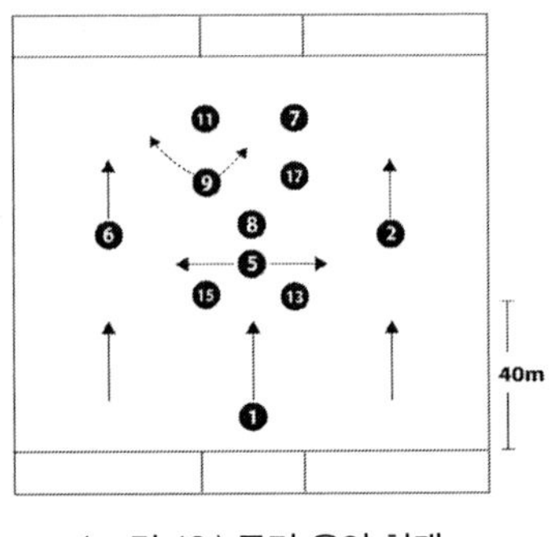

(그림 10) 공격 운영 형태

〈⑧이 주축이 된 미드필드 진영에서의 패스 게임이 공격 전술의 '핵심'이었다. 이를 통해 상대의 전진 수비를 유도한 후, 그 후방 공간을 '스트라이커' ⑦-⑪이 신속히 공략하는 것이 주된 페네트레이션 루트였으며, 상당부분 이에 의존했다. '풀 백' ⑥-②의 오버래핑이 상대적으로 활발히 진행되었지만, 그것만으론 '윙'과 '2선 전문 공격수'를 모두 쓰지 않는 구도의 한계성을 뛰어넘긴 어려웠다. 〉

　여기에서 주목해 볼 점은 2선 공격진의 중원 수비가담에 대한 강한 활동성 확보가 당시의 팀에선 불가피한 사항이었다는 사실이다. 기본적으로 미드필드진에서의 수비 경쟁력 확보가 압박 틀 유지 차원에서 높은 중요성을 띠는데다가, 특히, '측면 전문 미드필더'를 두지 않는 4-2-2-2 System이 수비 전환 과정에서 '즉각적 사전 공간 수비'가 어렵다는 구조적 약점을 안고 있기 때문이다.

　정리해보면, 4-2-2-2 System의 토대 위에서 압박축구를 펼치기 위해선 2선 공격진 구성원 모두의 전술적 희생이 '필히' 따라야 하는데, 이것이 팀 공격 운영에 '단조로움'을 제공할 위험이 높다는 것이다. 당시에는 전술적-조직적 힘과 호마리우-베베투 공격 콤비의 위력에 힘입어 정상에까지 섰지만, 측면-중앙 공격이 모두 밋밋해질 수 밖에 없는 이 같은 전술 토대가 브라질 축구의 낙관적 미래를 이끌 수는 없었다. 결과적으로 당시의 팀은 향후의 팀에 한 가지 명확한 과제를 남겼다고 볼 수 있다.

3. 마리우 자갈루 체제의 4-2-2-2(2-4-2-2) System(98 프랑스 월드컵)

　94 미국 월드컵 이후, 페레이라의 후임자로서 대표팀을 맡게 된 마리우 자갈루는 당시에 보인 전방 공격 문제에 대한 해결의 필요성을 깊이 인지하고 있었다. 구체적으로 그가 제시한 전술 운영의 궁극적 모토는 '페레이라의 팀이 추구했던 전술적 목적과 틀 위에 창조적 공격을 더하겠다'는 것이었다(그림 11). 이를 위해 그는 2선 공격진 구성원 중 1명에게 '상대적 자율성'을 부여했다(즉, 이 선수에게 2스트라이커와 보다 적극적으로

협력하며 공격 작업에 가담할 수 있는 '특권'을 부여했단 말이다.). 그러나, 이는 딱히 긍정적 효과를 초래하지 못했다. 공격력이 상승한 만큼, 팀 전술 운영의 '근본 바탕'이라고 할 수 있는 '중원 압박'이 탄력성을 잃었기 때문이다. 측면 높은 지점 공간 장악에 대한 핸디캡 극복의 여력이 줄어든 것이 원인이었다(이에 대한 구체적 이유는 '2. 카를로스 페레이라 체제의 4-2-2-2(2-4-2-2) System(94 미국 월드컵)' 참조). 자연히 '측면 배후 지역(즉, 공격 가담한 풀 백의 후방 공간) 방어'와 '공-수 간격 유지 및 연계'에 있어 허점이 드러날 수 밖에 없었다(그림 12) (그림 13).

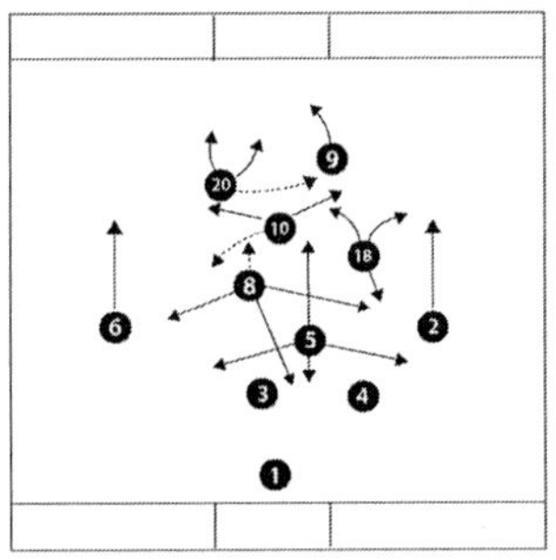

(그림 11) 자갈루의 팀 System(4-2-2-2〈2-4-2-2〉)

《①-타파렐 ②-카푸③-아우다이르 ④-J.바이아누 ⑤-C.삼파이우 ⑥-R.카를로스 ⑧-C.둥가 ⑨-호나우두 ⑩-히바우두 ⑱-레오나르도 ⑳-베베투》

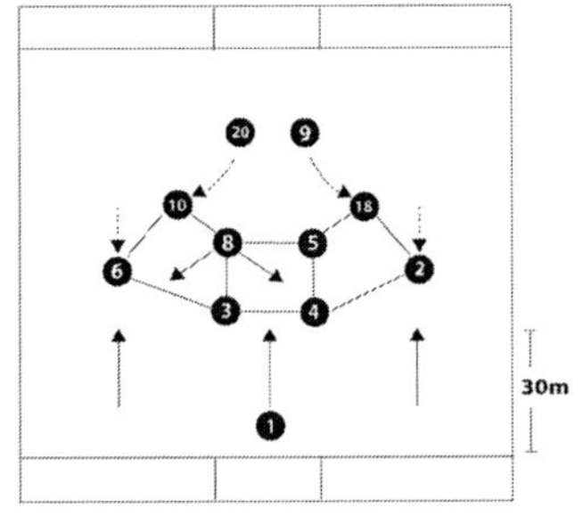

(그림 12) 수비(압박) 형태

<기본적으로 94 미국 월드컵 당시의 팀과 같은 매커니즘에 근거해 압박을 시행했다. 하지만, ⑩이 공격을 위해 방어 활동에 있어 적극성을 띠지 않았기 때문에 ⑧이 지니는 역할 부담이 상당할 수 밖에 없었다. 이는 연쇄적으로 ⑤-⑱에게도 적지 않은 영향을 끼쳤다. 이의 결과로 ⑥-②의 앞-뒤 공간에 대한 명확한 커버가 이루어지지 못했다. 결국, 팀의 공격력과 ⑧의 개인 수비 능력 및 강인한 정신력이 이의 타개 차원에서 중요하게 인식되어질 수 밖에 없었다.>

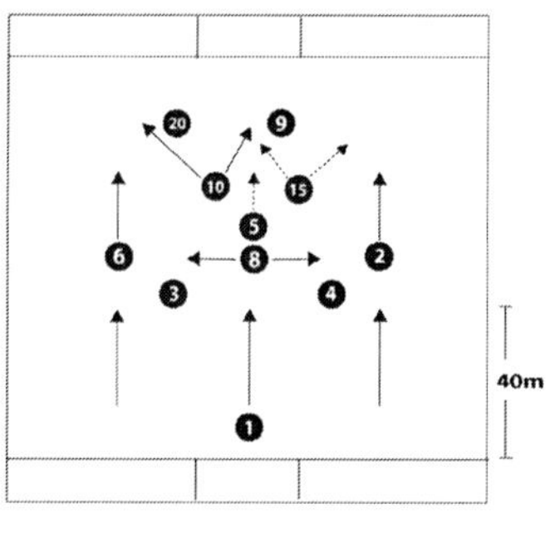

(그림 13) 공격 운영 형태

<⑩이 ⑳-⑨에 바짝 접근하며 '삼각편대'를 이뤄주었고, 수비에 적극적이었던 ⑱이 전진하여 이를 직접적으로 보조했다. ⑧이 후방 지역에서 수비 커버와 공격 방향 및 속도 조율에 거의 모든 시간동안 집중했기 때문에, 상대적으로 ⑤의 부분적 공격 가담 활동이 가능했다. 그리고 측면 공격은 대부분 ⑥-②의 오버래핑에 많은 것이 의존되었다.>

그럼에도 불구하고, 그들은 '공격수 3명'을 앞세운 높은 공격 응집성과 카를로스 둥가의 헌신적 압박 활동(물리적 압박 활동 및 압박 대형 조율) (그는 팀의 위태한 균형을 지탱하는데 자신의 모든 힘을 집중시켰다. 참고로 그는 '희생정신' '투쟁' '리더십' 의 상징적인 존재로 90년대 국제 축구 무대에서 명성이 자자한 선수였다.)을 통해 대체로

수준급 경기력을 꿋꿋하게 유지해 나가긴 했다. 그러나, 98 프랑스 월드컵 결승전에서 '강력한 조직력과 기술이 조화된 축구'로 명성을 얻고 있었던 프랑스를 맞아선 끝내 한계에 부딪히는 모습을 보였다. 핵심 요인은 '지단이 주축이 된 프랑스의 탄탄한 미드필드 조직에 둥가의 존재적 힘이 약화되었다는 것'에 있었다. 그간 압박 전술 구도의 위험성을 상당부분 막아주었던 그의 헌신과 투지가 빛을 잃자 중원 균형과 풀 백 후방 지역이 속수무책으로 무너졌다. 연쇄적으로, 뒷 선조직의 불안정함은 전방 공격 운영의 탄력성이 상실되는 문제 또한 일으켰다. 이처럼, 공-수 균형이 붕괴된 상태로 '끈끈한 조직력'의 프랑스와 대등하게 맞서는 것은 힘들었다. 결국 그들은 프랑스의 일방적 흐름에 끌려다녔고, 끝내 0 - 3으로 참패했다(참고 2).

참고 2) '공격의 핵' 호나우두의 컨디션 부재도 자갈루의 팀이 완패한 하나의 빼놓을 수 없는 이유였다. 호나우두는 결승전을 앞두고 발작 증세, 무릎 부상, 감기 몸살에 시달리는 등등 최악의 컨디션 상태에 있었다. 그럼에도 결국, 그의 선발 출장은 강행되었다. '핵심 공격수의 존재적 힘'에 대한 믿음 때문이었다. 하지만, 이는 결과적으로 '패착'이었다. 호나우두의 활동성 결여는 팀 공격의 기동력만 저하시켰다. 이는 곧, 중원 이하 지역에서의 허점이 보다 직접적으로 노출될 수 밖에 없음을 의미했다. '단단하지 못한 방패'와 '무뎌진 창끝'을 가지고 전투에서 승리하길 바랄 순 없는 일이다. 이러한 여건에선 당연히 수준급 상대가 펼치는 강한 압박 공세에 만신창이가 될 수 밖에 없었다.

그런데, 호나우두 못지않은 '타고난 재능'으로 인정받던 데니우손-에드문도 등이 그의 자리를 대신하며 설령 그 공백을 '완벽히' 메웠다 하더라도 경기 내용이 특별히 반전되진 않았을 것으로 보인다. 물론, 브라질 공격수들이 가진 '한 차원 높은 기술 수준'과 '한 방'이 경기 내용 및 결과에 끼칠 수 있는 영향력을 무시할 순 없지만, 근본적으로 나타나는 공-수 대형 조직의 맞부딪힘에 있어 그들의 '위태위태함'은 프랑스의 '단단함' 앞에 너무 많은 허점을 노출시키고 있었기 때문이다.」

　프랑스전을 통해 '4-2-2-2 System을 통한 공격성'과 '전진 성향을 뒷받침하기 위한 중원 압박'이 얼마만큼 서로 부합하기 힘든지 명확히 밝혀졌다. 더욱이 이러한 비공존성적인 특성을 그동안 상당부분 완화시켜주었던 둥가마저 월드컵을 끝으로 은퇴했기 때문에 자갈루의 팀이 보인 전술 틀 유지에 대해선 반드시 심사숙고해야 할 필요가 있었다. 그러나, 이는 향후의 팀에서도 꾸준히 중용되었다('특유의 기술과 전진 성향을 효과적으로 응집시키기 위해선 경기 운영의 무게 중심을 가급적 앞 선에 두는 것이 필요하다' 라는 자국 축구계의 보편화 된 인식 속에, 이 System을 대체할 만한 마땅한 대안을 찾지 못했기 때문이다.). 결과적으로 이것은 대표팀의 부진을 야기한 원인이 되었다.

　'System상의 구조적 허점'과 '둥가의 부재(당시 브라질에는 우수한 기량의 수비형 미드필더가 많았지만, '리더십' '투쟁성' '희생성' 으로 대표되는 둥가의 실질적 대체자는 나타나지 않았다.)'가 항상 불안한 경기력을 야기하는 가운데, 잠재성 있는 새로운 선수들의 팀 적응이 쉽지 않았다. 결국, 세대교체 작업이 명확히 이루어지기 힘든 여건에서 팀 조직력은 갈수록 약화되었다. 이러한 현상이 본격화 된 2000년 초기부터 브라질 대표팀은 '극심한 슬럼프'에 빠졌다. '중원 압박 실패에 의한 수비 불안'→'풀 백의 활동성 정체'→'개인 전술에 의존되는 단조로운 공격'은 침체기 당시 대표팀 경기의 '공식 패턴'과도 같았다(참고 3).

참고 3) 그렇다면, 왜 당시 브라질 대표팀은 보다 효과적으로 공간을 장악하며 적진을 압박할 수 있는 윙 체제로의 전환을 시도하지 않았던 것일까? 이에 대한 이유는 크게 세 가지로 분석된다. 특유의 개인기와 기술을 조화롭게 응집시킨다는 차원에서 볼을 기준으로 한 개개인의 긴밀한 협력이 공격 전술의 일반화된 특성으로 확고히 자리잡고 있다는 점, 이러한 까닭에 '압박-공간 장악' 등등 전술적으로 뚜렷하게 공헌할 수 있는 스피디한 측면 공격 자원이 흔치 않다는 점, 이처럼 중앙 밀집 빈도가 높아질 수 밖에 없는 전술적 특성과 공격성이 팽배한 자국 축구계의 보편적 여건에 의해 윙 이상의 공격력을 지닌 풀 백이 높은 가치를 지니며, 또한 매우 흔하다는 점이 그것이다. 이러한 까닭에 윙 체제 전환은 위의 세 가지 특성을 모두 밋밋하게 만들 우려가 있다. 국제 축구의 주류에 적절히 따르는 것도 중요하지만, 그렇다고해서 이것 때문에 자신들의 특성과 성향이 상쇄되는 것은 '결코' 옳다고 볼 수 없다. 따라서 전통의 System 운영적 틀에 기반함을 기준으로 균형에 대한 해법을 찾을 수 밖에 없는 것이다. 이것이 위의 의문에 대한 해답이다.」

4. 펠리페 스콜라리 체제의 3-4-2-1(3-3-1-2-1) System (2002 한.일 월드컵)

장기화되는 슬럼프를 뿌리 뽑기 위해 브라질 축구계는 2001년 6월, '우승 청부사' 펠리페 스콜라리를 '최후의 카드'로 내세웠다. 스콜라리가 제시한 해법은 '3백 전환'이었다(고전적 스토퍼-리베로 체제가 아닌, 지역방어에 근거한 일자 3백). 주목해 볼 점은 이것이 스콜라리의 '의지적 선택'이라기보다는, 사실상 '불가피한 선택'이었다는 것이다. 구체적으로 알아보자. 당시 브라질 대표팀은 세계적인 공격수들을 매번 앞세우고도 '단조로운 공격루트' '득점력 빈곤'이란 문제를 보였다. 중앙 돌파에 대한 의존도가 너무 높았기 때문이다. 이는 수비 불안의 영향 탓에, '측면 수비 요원'의 공격 가담이 효과적으로 이뤄지지 못한 것이 주된 원인이었다. 따라서 '수비 불안 해소'가 슬럼프 타개의 최대 관건이었다. 그러나, 전술 구조상의 문제와 이에 따른 더딘 세대교체로 인해, 미드필더-수비진에 확실한 주력 자원이 부족했다. 더구나, '최악 국면'에 처한 팀을 정비하는데 있어 월드컵까지 남은 1년은 그리 충분한 시간이 아니었다. '자원 부족'-'시간 부족'은 필연적으로 팀의 전략 선택 폭을 극히 제한시키게 된다. 자연히 '수비진의 숫자적 보강'이 문제 해결 차원에서 당시로선 사실상 유일한 해법으로 대두될 수 밖에 없었다. 이러한 까닭에 스콜라리가 '3백' 카드를 꺼내든 것은 엄밀히 따져 '필연적 수순'이었다고 볼 수 있는 것이다.

여기서 중요한건, '3백'과 '브라질적 전술 성향'의 부합이 팀에 끼치게 되는 부정적 영향이다. 3백은 기본적 운영 여건상, '공격-미드필드 진영의 약세'를 야기한다. 특히, 전문적인 중앙 공격수를 3명 이상 두길 원하는 브라질 축구는 그 특성상, 이것으로 인해 중원 경쟁력을 '상실할' 가능성이 상대적으로 더 높다. 실제로 스콜라리의 팀은 3백 효과를 앞세워 '측면 수비수'-'3명 이상의 중앙 공격수'가 호흡을 이루는 특유의 경기 패턴을 수비진의 안정을 바탕으로 어느 정도 되살리는데 성공했지만, 수준급 팀과 맞서게 되면 중앙 미드필더진이 쉽게 고립되는 '취약점'도 동시에 보였다. 현대 축구에선 중원 경기력이 무엇보다 '강조'된다는 점에서, 이는 그들이 내재하고 있던 '심각한 불안요소'였다고 볼 수 있다(그림 14).

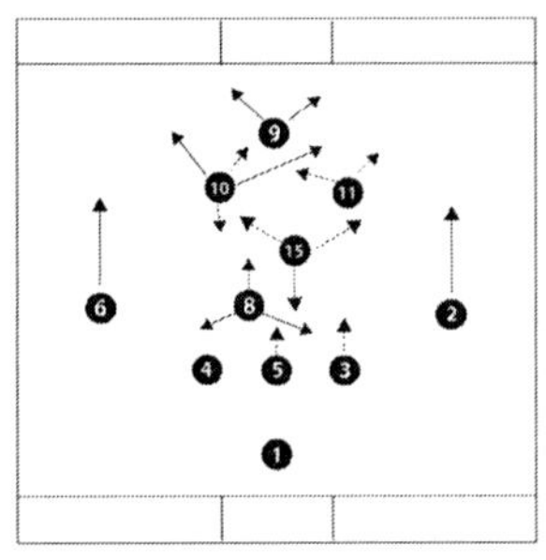

(그림 14) 2002 월드컵 당시 스콜라리의 팀 System(3-4-2-1〈 3-3-1-2-1 〉)

〈①-마르코스 ②-카푸⒞ ③-루시우 ④-R.주니오르 ⑤-에드미우손 ⑥-R.카를로스 ⑧-G.실바 ⑨-호나우두 ⑩-히바우두 ⑪-호나우딩요 ⑮-클레베르손⒆-주닝요.P)〉

물론, 유난히 이변이 많았던 2002 한.일 월드컵 본선 무대에서 그들은 '최상의 대진운(참고 4)을 타고 위의 문제를 4강전까지 대체로 무난히 커버하며 순항하긴 했다. 그러나, 독일과의 결승전에선 '3백'과 '브라질적 전술 성향'이 얼마만큼 국제무대에서 서로 부합하기 힘든지 적나라하게 드러냈다(참고 5). 이러한 까닭에, 당시의 팀이 끝내 '우승'이라는 최상의 결과를 이끌어냈음에도 불구하고, 냉정한 시각을 지닌 축구인들은 대체로 이를 진정한 의미에서의 '슬럼프 탈출'로 인식하지 않았다. '월드컵 우승'이라는 경험적 자산이 '선수 성장'-'자신감의 회복' 차원에서 팀에 끼칠 수 있는 영향력을 무시할 순 없지만, 슬럼프의 주된 요인, 즉 98 월드컵 결승전을 기점으로 부각되기 시작한 전술 문제가 온전하게 극복된 것은 '전혀' 아니기 때문이다.

그러나, 4백에서 3백으로 전환되는 일련의 과정이 향후의 팀에 시사한 바는 '결코' 적지 않았다. '3명 이상의 중앙 공격수와 공격형 측면 수비 요원의 조화'에 기준하는 브라질적 전술 패턴을 효과적으로 이끌어내기 위해선, '공격 조합'-'중원 압박' 보단 오히려 '뒷 선 수비 강화'를 무엇보다 우선시해야 할 필요가 있다는 점이 그것이다.

참고 4) 2002 한.일 월드컵에선 가장 강력한 우승후보들이 죄다 조기 탈락하는, '사상 유래없는' 이변이 속출했다('우승후보 3강' 으로 주목받던 프랑스, 아르헨티나, 포르투갈이 모두 조별예선 탈락했고, 이탈리아, 스페인, 잉글랜드 등등 다른 우승후보들도 토너먼트전에 접어들어 기력이 소진된 모습을 보이며 8강의 벽을 넘지 못했다.). 6월달 동아시아 지역 장마 기후를 고려해 평상시보다 10여일 가량 앞당겨져서 대회가 치러졌다는 점이 가장 큰 원인으로 분석된다. 즉, 이것이 유럽리그 출신 선수들의 컨디션 싸이클을 엉망으로 만들었단 것이다. 이 가운데, 대회 최약체로 분류되던 중국-코스타리카와 한조에 속하는 등등 대회 내내 대진상의 행운에 쾌재를 부른 스콜라리의 팀은 상대적으로 힘을 비축해가며 특별한 어려움 없이, 결승전까지 쾌속 순항할 수 있었다.」

참고 5) 스콜라리의 팀은 독일의 강한 중원 압박에 공-수 조직이 분리되어 경기 내내 고전했다. 그럼에도 그들이 2 - 0의 완승을 거둘 수 있었던 것은 근본적인 전력적 '격차' 때문이었다. 독일은 골키퍼 올리버 칸과 미드필더 미하엘 발락에 의지해 '더할나위 없이 좋은' 대진을 타고 결승까지 오르긴 했지만, 대회 내내 여론의 혹독한 비판에 시달려야 했을 만큼 경기력적 수준은 우승후보로선 '매우' 약했었다. 더욱이, 결승전에선 '에이스' 발락조차 경고 누적으로 출장할 수 없는 상태에서 경기를 치러야 했다.」

4. 카를로스 둥가 체제의 4-2-2-2(2-4-2-2) System

(2010 남아공 월드컵)

90년대 말~2000년대 초에 있었던 슬럼프에 대한 실질적 해답은 2006년 8월에 부임한 카를로스 둥가로부터 나왔다(그림 15). 궁극적으로 그가 제시한 전술 운영의 근본 토대는 전통적인 4-2-2-2 System에 기반한 '선수비→역습', 구체적으로 '8인 공동체의 단단한 뒷 선 수비(골키퍼 포함)→공격수 3명을 주축으로 한 역습'이었다(그림 16) (그림 17).

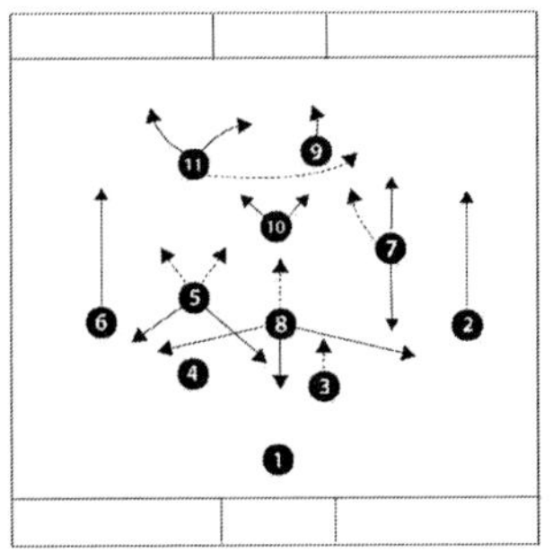

(그림 15) 둥가의 팀 System(4-2-2-2)

〈①-J.세자르 ②-마이콘 ③-루시우(C) ④-후안 ⑤-F.멜루 ⑥-M.바스토스 ⑦-엘라누 ⑧-G.실바 ⑨-L.파비아누 ⑩-카카 ⑪-호빙요〉

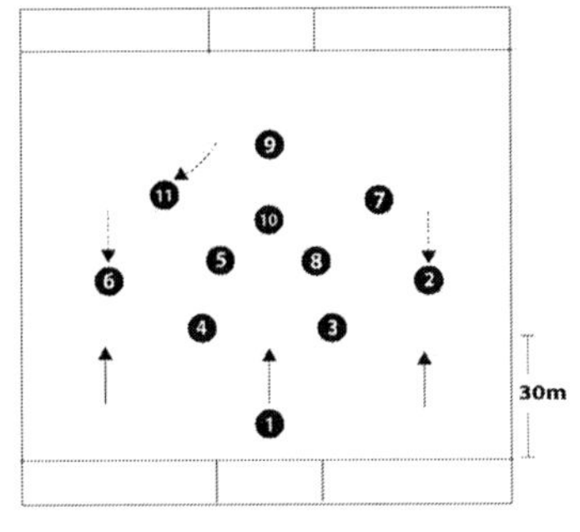

(그림 16) 1차 수비 형태

〈수비 전환시, 스트라이커 ⑪이 좌측 미드필드 진영을 점유해주며 4-2-3-1의 균형으로 중원에서 1차 수비를 했다.〉

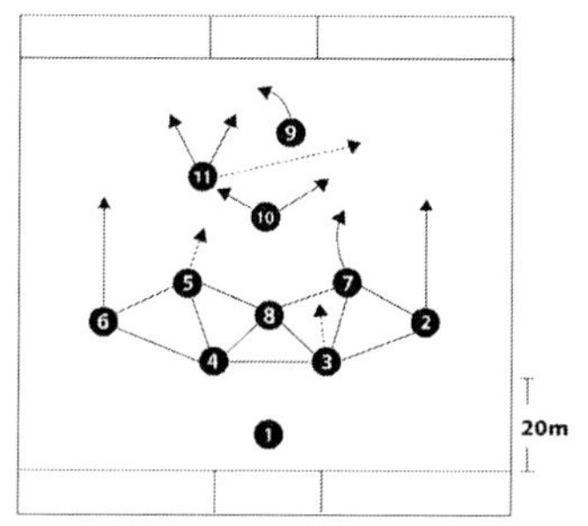

(그림 17) 뒷 선 수비→역습 형태

〈1차 수비로 상대 공격 템포를 늦춘 후엔 즉시 ⑦이 미드필드 후방 지역까지 바짝 후퇴해 수비 가담하고, 1차 수비에 가담했던 ⑪과 ⑩이 전방에 대기하면서 4-3-1-2(혹은 4-3-2-1)로 전환, 뒷 선 수비를 강화했다.〉

〈역습은 주로 수비에 직접적으로 관여하지 않았던 ⑩-⑨-⑪의 긴밀한 협력이 기준점을 잡아주었다(구체적으로 ⑩이 구심점으로서 패스와 돌파를 주도했고, ⑪이 적진 내부 중심 구역을 활발히 흔들었으며, ⑨가 마무리에 집중하는 형태로 역습 짜임새를 이뤘다.). 그리고 주로 '풀 백' ⑥-②와 '우측 미드필더' ⑦이 연차적인 침투 기회를 적극적으로 노리며 풍부한 공격 가능성을 뒷받침 했다(간간히 나오는 ③의 오버래핑 공격 역시 위력이 있었다. ③이 공격에 가담하면, 그 공간을 주로 ⑧이 커버했다.).〉

〈뒷 선에서 점유율을 이끌어오는 과정에서 전방 침투 기회가 열렸을 시에는 주로 마크가 엷은 쪽 측면 높은 지역으로 풀 백이 바짝 전진해주면서 공간을 확보하고, 이를 겨냥해 압박이 엷은 미드필드 후방에서 패스 거점을 차지한 ⑤(혹은 ⑧)가 긴 패스로 넘겨주며 공격이 시작되었다. 이후, 볼을 넘겨받은 풀 백과 전방 침투하는 스트라이커 ⑨를 따라 상대 수비가 측면-뒷 선으로 분산되는 사이, 이 때 열리는 공간을 ⑩을 중심으로 ⑪-⑦이 신속히 장악하며 본격적인 페네트레이션이 진행되는 경향을 보였다.〉

둥가의 팀이 보인 전술에서 핵심은 '적정 수준 수비 대형 후퇴를 통한 미드필드-수비 조직의 안정(즉, 무게 중심을 후방에 둔 경기 운영)'이다. '수비 경쟁력 확보'를 중시하되, 경기 운영의 무게중심을 가급적 앞 선에 두려했던 과거의 팀들과는 확연히 다른 틀에 기반한 조치다. 즉, '고정적 인식의 타파'가 탄탄한 공-수 균형 확보를 위한 둥가의 모토였다고 해석해 볼 수 있다.

이를 통해 그들이 얻은 전술 효과는 '뒷 선 수비 강화'와 더불어 크게 두 가지였다. 하나는 2선 공격수의 수비 부담을 덜었다는 것이다(즉, 뒷 선 공간 방어에 비중을 둔 만큼, 사전 압박에 대한 부담을 비교적 덜 수 있었다는 의미다. 이는 곧, 4-2-2-2 System이 갖고 있는 '미드필드 측면 높은 지역 장악에 대한 약점 완화' 를 의미하는 것이기도 했다.). 이로서 안정적 토대 위에 공격수 3명을 두는 것이 가능할 수 있었다. 다른 하나는 앞 선의 유효 공간을 능률적으로 생성해내며 공간 침투 공격을 활성화시켰다는 것이다(상대의 대형을 우리 진영으로 유도해 그 배후 공간을 효과적으로 열었다는 의미다.). '기술력을 갖춘 미드필더진의 지원을 받아 공격 1-2선이 긴밀하게 협력하는' 특유의 정밀한 공격 전개 방식은 엷어진 적진 공간을 공략하는 과정에서 더욱 빛을 냈다.

정리해보면, 둥가의 팀은 '4-2-2-2 System 운영의 고유 특성'과 '후방 중심 전술의 실리적 효과(즉, 뒷 선 지역에 대한 공간 수비력 확보를 비롯, 이의 반사이익으로 얻어지는 두 가지의 공격 운영 효과)'를 조화시켜 '수비의 탄탄함' '역습의 정교함' '중앙 공격수 3명의 긴밀성에 기준한 높은 수준의 공격 경쟁력' 등등

공-수 구성 및 연계에 필요한 모든 것을 이끌어냈다고 볼 수 있다. 이를 토대로 그들은 '단단한 조직력'과 '완숙한 경기 운영력'을 선보일 수 있었다.

하지만, 둥가의 팀도 한 가지는 부족했다. 즉, '전술 운영에 대한 융통성'이 결여되어 있었다는 것이다. 그들은 공-수의 안정적 균형 확보에 너무 집착했다. 탄탄한 균형과 기술적 힘이 안겨다준 중원에서의 높은 점유율이 명확한 주도권의 흐름을 이끌어낼 시에도, 이 흐름을 장악하기 위한 '적극적 경기'를 펼치는데 있어선 대체로 인색한 모습을 보였다.

이것은 결국, 2010 남아공 월드컵 8강 네덜란드전에서 팀에 좋지 못한 영향을 끼쳤다. 둥가의 팀은 사실상, 전반전 동안 하프라인 전방 30m지점까지 통째로 장악하는 흐름을 잡았지만, 실리적인 기존의 전술 패턴을 그대로 고수했다. 자연히 흐름을 장악할 수 있는 기회를 명확히 잡지 못할 수 밖에 없었다. 결과적으로 그들은 단 1점만을 획득하며 전반을 끝마쳤다. 일방적 분위기에 비해선 '빈약한' 결과물이었다.

후반전에서 그들은 예기치 못한 변수에 어려운 경기를 치렀다. '네덜란드의 경기력 회복'→'수비진에서 벌어진 연속된 불운'→'심리적으로 무너진 호빙요-멜루-다니 알베스로 인해 흔들린 팀 조직 균형'→'멜루의 퇴장' 등등 악재가 거듭되는 상황 속에서 그들은 2점을 허용했고, 끝내 1 - 2의 패배를 받아들여야 했다.

물론, 이 경기의 결과는 사실상 '행운을 떠안은 네덜란드-자멸한 브라질'이 엮어낸 것이기에 이를 두고 둥가의 전술과 전반적인 팀 조직력에 대해 객관적 비판을 가하긴 어렵다. 그러나, 찾아온 흐름을 적극 살리지 못했던 것이 결과적으로 패배의 원흉 중 하나가 되었다는 사실에 대해선 반드시 짚고 넘어가야 한다.

'예측불허'의 흐름이 연속되는 축구 경기의 특성상, 융통성 있는 운영적 사고는 굉장히 중요한 의미를 지닌다. 그러므로 오직 '공-수 대형의 탄탄한 균형' 그 하나의 기준에 집착하는 고착된 사고가 결국, 화를 일으킨 빼놓을 수 없는 요인이 되었다는 점은 그 자체로 충분히 비판받아 마땅하다.

|결 론|

(본론 요약, 향후 현실주의의 방향성)

　본론의 내용을 요약해보면, 브라질 대표팀 현실주의 20년 역사는 '70년대부터 전통의 System으로 자리매김한 4-2-2-2(2-4-2-2) System의 근본 매커니즘에 기초해 공-수 균형을 어떻게 확보할 것이냐'에 초점이 맞추어져 있었고, 이에 대해 '공격과 수비 중 어느 한쪽은 항상 밋밋함을 드러낼 수 밖에 없었던 90년대 중원 압박 중심 전술(즉, 직접적인 적진 장악을 위한 수비 경쟁력 확보에 비중을 둔 전술)의 불명확성을 타개한다는 차원에서, 21세기 들어 후방 중심 전술(즉, 1보 후퇴를 통한 실리성 확보에 비중을 둔 전술〈 뒷선 수비 중심 전술 〉)이 해법으로 떠오르게 되었다'라고 정리할 수 있다. 다시 말해, 경기 운영의 무게 중심이 '중원'→'후방'으로 이동해간 흐름을 보인 것이다. 이 같은 흐름은 현재~향후의 브라질 대표팀에서 4-2-2-2 System의 근본 틀에 특별한 변화가 주어지지 않는 이상, 반드시 비중 있게 참조되어져야 할 사항임에 틀림없다고 보아진다.

　그런데 여기서 중요한건, '적극적 경기 운영에 대한 융통성'이 결여된 후방 중심 전술은 '한계성'을 보일 수 밖에 없다는 사실 또한 '결코' 간과되어선 안된다는 것이다. 2010 남아공 월드컵 당시, 둥가의 팀이 후방 중심 전술을 통해 공-수 구성에 있어 흠잡을데 없는 균형을 선보였음에도 불구하고, 끝내 월드컵 8강에서 탈락해야했던 요인 중에는 '균형성에 대한 집착'도 빼놓을 수 없다. 물론, 균형의 탄탄함은 팀 경기 운영에 안정성을 제공한다. 그러나, 그 자체가 '승리'를 추구해 나가는데 있어 '완전함'의 조건이 될 순 없다. 유동성 짙은 축구 경기의 특성상, '절대적 안정성'은 존재할 수 없기 때문이다. 따라서 '후방 중심 전술'을 경기 운영의 '기준'으로 삼되, 능숙한 상황 대처 및 흐름 장악을 위해 '과감성' '적극성'에 근거한 전략적 옵션들의 융통성 있는 활용도 필히 병행되어지는 것이 바람직하다. 특히, 브라질 축구는 높은 수준의 '공격 응집력'에 대한 깊은 전통과 역량을 자랑한다. 그러므로 이 같은 자산을 두고 활용하지 않을 까닭이 없다.

참고문헌

유희락 (1998). 인류최대의 드라마 월드컵 이야기. 서울:문학사상사

이수열 (1999). 수열이의 브라질 축구 이야기. 경남: 도서출판 경남

이수열 (2002). 삼바축구 그들은 강하다. 서울: 가림출판

리처드 줄리아노티 (2004). 축구의 사회학. 서울: 현실문화연구

이수열 (2006). 한눈에 축구의 전략을 읽는다. 일산: 책이있는마을

신문선 (2006). 완전정복 4-4-2. 서울: 한국축구연구소

사이먼 쿠퍼 (2002). 축구 전쟁의 역사. 서울: 이지북

이수열 (2010). 한눈에 훑어보는 축구 전략의 역사 1. 일산: JNC

임태훈 (2010, 7월 5일). '둥가의 실리축구' 과연 의미없는 실패작?. 데일리안

이수열 (2010, 9월 22일). 4-4-2 System의 변천 3. 4-3-1-2. 한국축구신문

이수열 (2010, 12월 29일). '월드컵 역사상 가장 화려했던 팀' 70 멕시코 월드컵 당시 브라질 대표팀 전술의 주요점. 한국축구신문

이수열 (2010, 2월 1일). 간략히 훑어보는 세계축구 전술 변천사. 한국축구신문

이수열 (2011, 5월 3일). '브라질 축구, 그 빛나는 역사의 시작' 58 스웨덴 월드컵 당시 대표팀 전술 분석. 한국축구신문

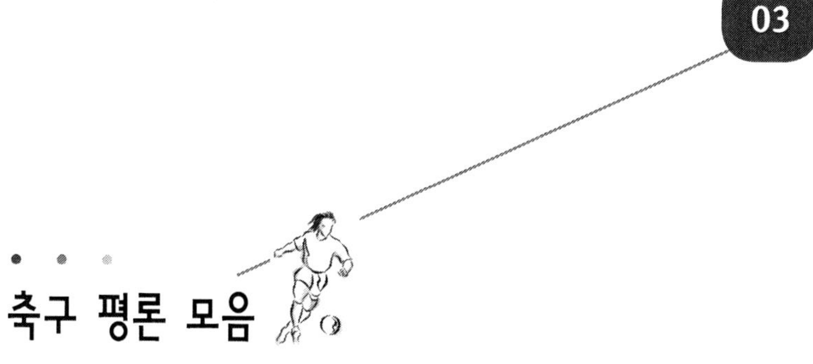

축구 평론 모음

글의 앞·뒤 부분에 있는 이 글이 쓰여지게 된 배경을 참조하여
읽어주시기 바랍니다.

1. 슬럼프에 빠진 메네세스호, 무엇이 문제인가? (11. 8. 17)

- 2010년 7월, 카를로스 둥가가 2010 남아공 월드컵 8강 탈락의 책
임을 지고 대표팀 사령탑에서 물러난 후, 코린티안스의 명감독 마노
메네세스가 새로운 감독으로 부임했다. 그는 '공격축구의 부활'을 과감
히 외치며 팀 재건에 힘을 기울였다. 그러나, 부임 1년 후, 시험대가 될
아르헨티나 코파 아메리카 2011에서 졸전 끝에 8강 탈락하며 축구팬
들을 실망시켰다. 대회 이후에 치러진 A매치 경기에서도 전혀 개선되
지 못한 모습을 보여 심지어 '경질설'이 나돌기도 했다. -

최근 10경기 4승 3무 3패 11득점 9실점. 라이벌 팀과의 대결 전적 4
전 1무 3패 2득점 5실점(아르헨티나전 0 - 1 패, 프랑스전 0 - 1패, 네덜란드전 0 - 0 무, 독일
전 2 - 3 패).

'세계 최강' 브라질이 근래 거둔 성적표다. 팀을 만들어가는 과정이

란 점을 고려한다 하더라도, 심각해 보이지 않을 수 없는 결과다. 메네세스가 '전통적인 공격 축구의 부활'을 선언했다는 점을 감안한다면, 처참해 보이기까지 한다.

근본적 문제는 공격 축구를 펼칠 수 있는 전술적 여건을 좀처럼 형성시키지 못하고 있다는 것에 있다. 그는 스트라이커 성향을 지닌 3명의 포워드를 좌-우로 배치한 파격적인 경기를 지향한다(그림 1). 때문에, 미드필드 구성원들의 '그라운드 장악 역량'이 무엇보다 중요성을 띨 수밖에 없다. 그러나, 현 브라질 대표팀의 미드필더진은 이 조건을 '전혀' 충족시키지 못하고 있다. 개개인의 기본 잠재성이 떨어져서가 아니다. 이들이 갖는 역할 부담이 너무 크게 나타나고 있다는 것이 문제의 핵심이다.

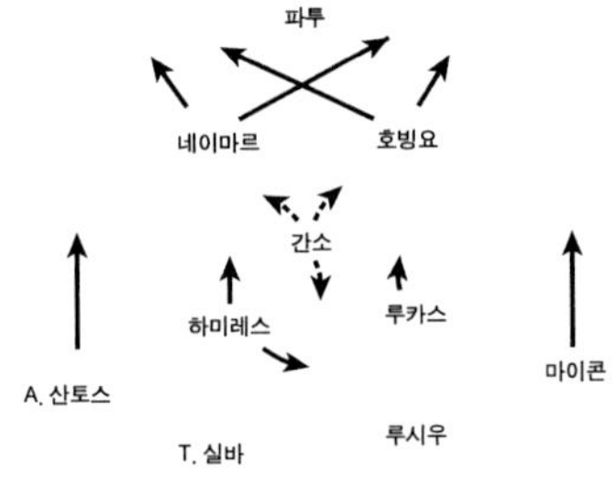

(그림 1) 아르헨티나 코파 아메리카 2011 당시 브라질 대표팀 전형

현재의 전술이 성공을 거두기 위해선, 1-2선을 정교히 연결시킴과 동시에 미드필드진의 균형을 탄탄히 잡아줄 수 있는 확실한 플레이메이커가 '반드시' 필요하다. 이를테면, 스페인의 사비, 이니에스타 같은 선수 말이다. 이 역할을 현 대표 체제 하에서는 중용되고 있는 간소가 해줘야 하는데, 당초 필자의 높은 기대와는 달리 그는 함량 미달인 모습을 지속해서 보이고 있다. 기술 구사 및 패스에 대한 높은 잠재성을

지니긴 했으나, 대신 미스가 많고 느리다. 그리고 팀의 주체가 되기보단, 주변에 의존하려는 경향이 아직까진 강하다(이는 경험 부족이 원인인 것으로 보인다. 데뷔와 동시에 막중한 역할을 부여받아서인지 심리적인 부담감을 많이 느끼는 듯 하다.).

미드필드진의 약세는 곧, 공격수들의 후방 경기에 대한 희생 빈도가 높아지는 문제를 야기했다. 이러한 까닭에, 최전방에서의 경기 운영이 오히려 무기력하게 나타나고 있다. 공격수만 다수 포진시켰을 뿐, 정작 실속은 챙기지 못하고 있다는 말이다. 당차게 칼을 뽑고 밀고 올라가긴 하지만, 정작 무조차 베지 못하는게 현 브라질의 실정이다.

팀 공격력 강화는 현대 축구에선 공격수 숫자 보강과 반드시 비례하지 않는다. '양 보단 질' 공격수들이 자신들의 주 된 역할에 치중할 수 있는 여건을 조성하는 것이 무엇보다 중요하다. 즉, 최근 동향에선 뒷선의 균형을 안정적으로 구축하는 것이 '공격축구를 위한 실질적 전제'가 된다는 의미다.

그러므로 메네세스는 팀 출범 후 전혀 효과를 보지 못하고 있는 3포워드, 즉, 네이마르-파투-호빙요 동시 기용에 대해 현 시점에서 반드시 심사숙고해야 할 필요가 있다.

아니, 현 브라질 대표팀 선수 구성상의 특성을 고려해 볼 때 반드시 그렇게 해야 한다. 최근 브라질에는 기회가 주어졌을 때 이를 믿음직하게 골까지 이끌어줄 수 있는 역량있는 공격수들이 많다. 네이마르, 파투, 호빙요, 헐크, 니우마르, 다미앙, 호나스 등등 이 정도의 구성이라면 세계 정상이라 할 만 하다. 그러나, 과거처럼 적진을 지배해 줄 수 있는 '슈퍼스타'는 존재하지 않는다. 호나우두, 히바우두, 호나우딩요 같은 압도적인 파괴력을 지닌 선수가 현 체제에선 없다는 이야기다. 대신, 화려하진 않지만 중원에서 팀 균형을 묵묵히 지탱해 줄 수 있는 알짜배기 자원들이 많다. 루카스 레이바-하미레스-엘리어스-산드로-안데르손 등 최근 떠오르는 선수들의 성장세가 두드러지고 있고, 펠리페 멜루-엘라누 같은 경험 많은 선수들도 좋은 기량을 유지하고 있다.

결국, 이러한 점을 따지고 본다면, 현 브라질 대표팀은 뒷 선의 균형을 우선 탄탄히 구축한 후 공격 기회를 엿보는 경기 방식을 지향해야 한다는 결론이 나온다. '전방 지향적 공격 중심'의 전통을 고집하기 보단, '밸런스 중심'의 실리를 냉정한 시각에서 받아들일 때란 것이다.

미드필드 구성원들의 전반적인 플레이 성향도 이 같은 주장을 충분히 뒷받침 한다. 90년대부터 현재까지 라이→징요→주닝요→히바우두→호나우딩요→카카→간소로 이어지는 공격형 플레이메이커 계보에 있어 '1명의 주체자(공격형 플레이메이커)'-3명의 부주체자(공격형 플레이메이커를 보좌하는 조력자)'가 이루는 조합에 미드필더들의 성향이 오랜 시간에 걸쳐 굳어져왔다. 유능한 선수들 중, 대체로 '중앙지향적' 4-4-2에 맞춰진 선수들이 많다는 것이다. 현 체제도 예외는 아니다. 따라서, 선수들이 '가장' 잘 할 수 있는 전형을 놔두고, '전통의 공격 축구'를 실현한다는 명목 하에 굳이 미드필더 숫자 1명을 줄이는 '모험수'를 둘 까닭이 없다.

가장 중요한건, 최근 20년간 브라질 대표팀은 최전방에 2명만을 두고도 충분히 순도 높은 공격력을 선보여왔다는 것이다. 브라질 축구 역사상 가장 수비적이었던 둥가 체제의 브라질 대표팀도 균형의 탄탄함을 전진에 대한 동력으로 삼아 녹록치 않은 공격력을 뽐낸 바 있다. '공격'에 대한 에너지는 결국 '균형'에서 온다. 이것은 현대 축구에 있어 거스를 수 없는 '진리'다.

메네세스는 브라질 내에서 4-3-3 System을 누구보다 잘 구사하는 지도자로 정평에 나 있지만, 이것만을 고집해선 안된다. 특히, 이것이 오랜 기간 효과를 거두지 못하고 있는 실정이라면 '더욱' 그러하다.

4-3-3의 고수조차 팀을 4-3-3화 시키는데 있어 같은 문제를 끊임없이 노출시키고 있다는 것은, 극복하기 힘든 한계성이 있음을 의미한다. 물론, '플레이메이커' 간소가 향후 기대한 만큼 크게 성장해준다면 이야기가 달라질 수 있겠지만, 이것에 마냥 기대는 것은 '결코' 바람직하지 않다. '고집'을 내려놓고, '융통성'을 발휘해야 할 때가 온 것이다.

2. '코파 아메리카 8강' 미리보는 결승전, 아르헨티나 VS 우루과이 전술 분석 - (11. 7. 19)

- 아르헨티나는 홈에서 펼쳐진 2011 코파 아메리카에서 메시를 포함한 최강 멤버를 꾸리고도 졸전을 거듭했다. 예선리그 마지막 경기에서 올림픽 멤버 주축으로 팀을 꾸린 코스타리카를 3 - 0으로 완파하긴 했으나, 볼리비아-콜롬비아와의 경기에선 답답한 경기 운영 끝에 무승부를 기록하며 홈 팬들에게 실망을 안겼다. 우루과이 역시 지난 2010 남아공 월드컵 4위에 걸맞지 않은 좋지 못한 경기력으로 마찬가지의 실망감을 자국 팬들에게 안기고 있었다(예선 3경기 1승 2무 3득점 2실점). 이런 분위기 속 8강에서 양 팀은 벼랑끝 승부를 펼치게 되었다. 결과적으로 우루과이가 승부차기 끝에 아르헨티나를 물리쳤고, 여세를 몰아 페루-파라과이를 잇따라 꺾으며 결국 정상에 등극했다. -

4-2-2-2 System을 들고 나온 아르헨티나는 전반전 동안 우루과이 진영을 장악했다. '보란치' 가고-마스체라노의 후방 패스 지원이 안정되면서, 상대적으로 공격수 4인방의 유기적 움직임이 돋보였다. 공격진의 움직임은 매우 변화무쌍했다. 최전방의 아게로-이과인이 좌-우를 적절

히 흔들며 안쪽 공간을 창출하고, 2선의 디 마리아-메시가 이를 활용하는 것이 기본적인 구도였으나, 딱히 틀에 얽매이지 않았다. 특히, 리오넬 메시의 '부분적 우측 이동→안쪽 공간 쇄도'가 효과를 봤다. 이는 우루과이의 중앙 미드필더 페레즈-알바로의 수비 범위를 넓게 유도하며 디 마리아-아게로 등이 활발히 활동할 수 있는 여건을 조성시켜 주었다(그림 2).

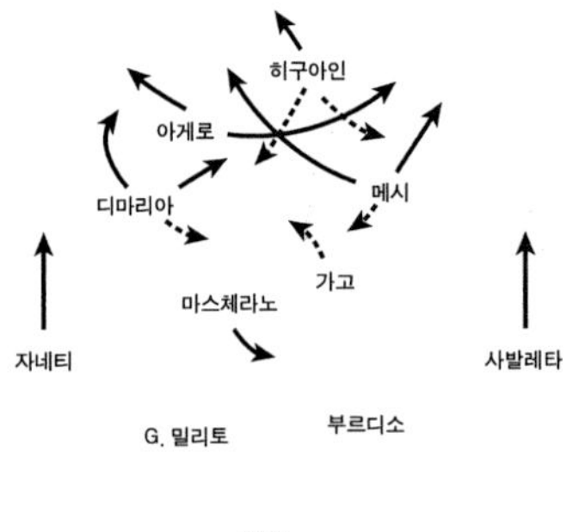

(그림 2) 아르헨티나 대표팀 전형

아르헨티나의 공격이 거세게 진행되다보니 우루과이는 공격과 수비로 양분화 된 단순한 전술을 운영할 수 밖에 없었다. 4-4-2 System을 활용한 그들은 1-3선의 간격을 좁혀 공간을 주지 않는 압박 수비를 펼치려 했지만, 여의치 않았다. 미드필드 대형이 뒷 선으로 밀리면서, 1-2선 사이에 괴리가 나타났기 때문이다(그림 3).

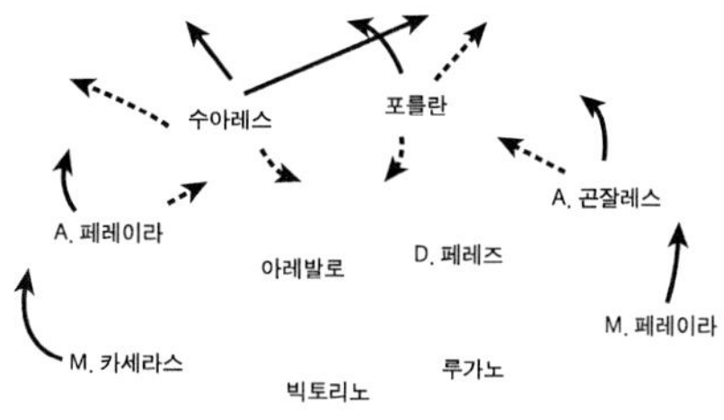

(그림 3) 우루과이 대표팀 전형

주도권을 쥔 아르헨티나는 비록, 수비수의 마킹 부재로 전반 초반에 불후의 일격을 당했으나, 차분히 만회점을 터뜨리며 분위기를 장악했다. 더구나 전반 37분, 우루과이의 중앙 미드필더이자 '전술의 핵'인 페레즈가 경고누적으로 퇴장당하면서, 완벽히 승기를 잡는 듯 보였다.

하지만, 페레즈의 퇴장을 기점해 기세가 꺾인건 우루과이가 아니라, 오히려 분위기를 탔던 아르헨티나였다. 사력을 다한 우루과이 선수들의 투지도 한몫했지만, 무엇보다 타바레즈 감독의 전술 변화가 주효한 결과였다. '핵심' 중앙 미드필더의 공백에도 불구하고, 그는 뒷 선의 숫자를 보강하지 않았다. 측면 미드필더를 다소간 중앙으로 배치, 4-3-2 System으로 상대에 대항했다. 사실, 이는 엄밀히 따져 모험수였다(그림 4).

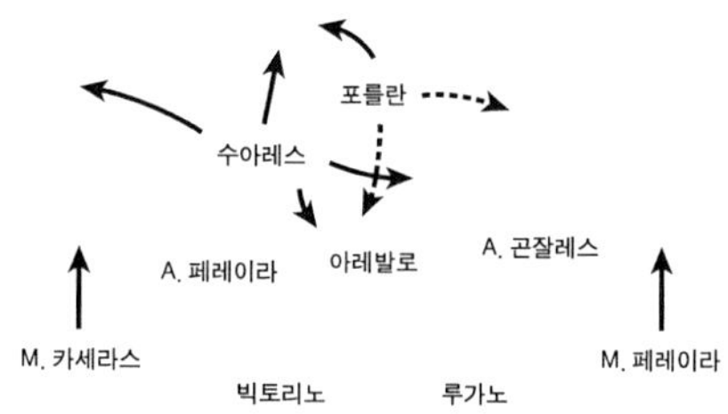

(그림 4) 페레즈 퇴장 후, 우루과이 대표팀의 전형 변화

‘상대의 공격이 거세게 몰아치는 시점에서 처하게 된 숫자적 열세. 그럼에도 뒷 선을 보강하지 않는다?’

통상적으론 이해하기 힘든 처사였다. 그러나, 타바레즈는 확신있게 이를 추진했다. 이유는 이것이었다. 아르헨티나에는 유능한 ‘터치라인 플레이어’가 없다는 것. 즉, 중앙 공격 의존도가 지나치게 높은 아르헨티나 공격을 맞아, 역습 동력의 힘을 떨어뜨리면서까지 미드필드 진을 4열로 배치해 측면을 의식할 까닭이 없다는 것이었다.

그의 판단은 결과적으로 옳았다. 우루과이가 측면 방어를 상대적으로 버리는 모험수를 두었음에도, 아르헨티나는 융통성을 ‘전혀’ 발휘하지 못했다. 이러한 까닭에, 우루과이의 밀집 수비진과 아르헨티나의 밀집 공격진이 중앙 지역에서 지속적으로 부딪치는 양상이 반복되었다. 마치 힘겨루기를 하듯이 말이다. 아르헨티나 공격수들은 끊임없이 ‘무에서 유’를 창조하려고 안간힘을 썼다. 그러나 이는, 숫적 열세 속에 ‘더더욱’ 강화된 우루과이 수비수들의 정신력과 집중력, 중앙을 집중적으로 틀어막자고 결심한 타바레즈의 ‘전술적 결단’만 돋보이게 해줄 뿐이었다.

맹공을 펼치는 팀이 적진 공략에 대한 활로를 찾지 못하게 될 경우, 필연적으로 ‘도중 차단’의 위협에 시달리게 된다. 자연히 그들은 상대의 역습에 적지 않은 위기와 맞서야 했다. 수아레스의 영리한 돌파, 침착히 연계 플레이를 주도한 포를란의 노련함, 후방 미드필더의 재빠른 전진이 적절히 어우러진 우루과이의 역습 짜임새에 아르헨티나 수비진은 종종 정신을 차리지 못했다.

결국, 아르헨티나는 ‘숫 적 우세’란 최대의 어드벤티지를 안고도, 끝내 연장 종료 시점까지 승부를 결정짓지 못했다. 이는 곧, ‘승부차기 패’→‘8강 탈락’으로 이어지는 악재를 낳았다.

홈에서 20년 만에 A급 대회 정상을 노렸던 아르헨티나에겐 ‘최악의 결과'라 하지 않을 수 없었다. '이번에야 말로'란 굳은 의지를 가슴에 품고 대회에 임한 아르헨티나 선수들의 '패배에 대한 충격파'는 쉽게 가라앉진 않을 전망이다.

물론, 아르헨티나 대표팀은 이번 대회의 실패를 계기로 한층 더 성숙해질 것임이 분명하다. 공격진의 호흡, 전반적인 공-수 균형 모두 시간의 흐름에 따라 차차 안정감을 찾아 갈 것이다. 나아가 정신력 또한 강해질 것이다.

그러나, 그들이 궁극의 목표인 '2014 브라질 월드컵 챔피언'이란 꿈을 진정으로 실현시키기 위해선, 다소 심각해 보이는 한 가지 문제 해결에 심혈을 기울여야 할 듯 보인다. 이날 경기 패배의 가장 큰 원인 중 하나인 '터치라인 플레이의 실종'에 대한 문제 말이다. 터치라인 깊은 지역에서 시도하는 직선적 돌파는 얼핏 봐선 효율이 떨어지는 것 같아 보인다. 득점권으로 직접 쇄도하는 공격 방식이 아니기 때문이다. 하지만, 상대의 수비 범위를 바깥으로 유도하며 득점으로 가는 길목을 보다 넓고 다양하게 생성해낸다는 측면에서, 그 전술적 가치를 쉽게 간과할 수 없다. 아니, '꼭' 필요한 요소이다. 특히, 안쪽 공격 의존도가 너무 높은 현 아르헨티나에겐 더더욱 그러하다.

과거 만큼의 공-수 기동력을 보여주지 못하고 있는 '73년생' 노장 사네티가 아직까지도 대표팀의 측면 지역에서 막대한 영향력을 행사하고 있다는 것은 그들의 암울한 현실을 적극적으로 대변한다. 아르헨티나엔 좀 더 젊고 쌩쌩한, 무엇보다 '직선적 돌파'와 '연계 플레이'에 일가견이 있는 유능한 측면 자원이 필요하다. 이 조건이 충족되지 못하면, 아르헨티나는 어떤 국제 무대에서건 극복하기 어려운 '난관'에 부딪히게 될 것이다. 리오넬 메시가 현재와 같은 전술적 악 조건 속에서도, '초인적인 힘'을 발휘하며 마침내 대표팀에서 그 무시무시한 잠재성을 '폭발'시킨다 할지라도 말이다.

3. 바르샤의 전성시대, 어디까지 이어질까? (11. 6. 29)

- 스페인 산티아고 베르나베우에서 열린 10-11 시즌 유럽 챔피언스리그 결승전에서 FC 바르셀로나는 맨체스터 유나이티드를 완벽하게 제압하며(3 - 1 승) 지난해 인터밀란에 빼앗겼던 챔프 타이틀을 다시 차지했다. 그들이 보여준 경기력은 타의 추종을 불허하는 것이었다. 적지 않은 축구 관계자들이 '역대 최강의 전력'이라며 그들에 대한 아낌없는 찬사를 보내기도 했다. 그러나, 화려함 뒤에 가려진, 그들에게 언젠가 좋지 못한 영향을 끼치게 될 어두운 그림자 역시 '좋은 경기력' 만큼이나 따져봐야 할 사항이다. 그런 의미에서 작성한 글이다. 10-11 시즌 그들의 전형을 기초로 바르샤의 전술적 한계에 대해 'System 운영의 구조적 측면'에 기준하여 짚어보았다. -

4-3-3 System은 압박 및 볼 점유를 위해 필요한 '삼각존 형성'과, 공간 확보를 위해 필요한 측면 공격 루트를 개척해 나가는데 있어 강점을 발휘한다. 따라서, 바르샤와 같은 팀이 활용하기에 적합하다. 하지만, 이는 구조적으로 한 가지 문제를 가진다. 1선과 2선 사이에 '전문 공격수'를 두기 힘들다는 점이 그것이다. 이 사이의 끈끈한 연결망 구축이 비교적 어렵다는 말이다. 이러한 까닭에 자칫, 미드필드진이 탄탄히 버텨주지 못하면, 공격수 3명이 동시 고립되는 심각한 사태를 맞이하게 될 수도 있다. 때문에, 근래 4-3-3을 활용하는 많은 팀들이 4-4-2나 4-5-1을 적절히 병용하며 밸런스를 갖추는데 힘을 기울인다. 그러나, 바르샤는 미드필더진의 끈끈한 조직력과 장악력을 토대로 이 System이 낼 수 있는 공격적 강점을 최대로 이끌어낸다.

하지만, 도전자들의 압박 구사 능력이 갈수록 강화되면서, 최근들어선 그들 역시 4-3-3의 기존 틀에 의존해 가는 것은 어렵게 되었다. 이에 대한 대책이 최근 과르디올라 체제 하에 활용되어지고 있다. 'Non striker 체제'에 기초한 4-3-3이 그것이다. '우측 윙 포워드' 메시를 센터 포워드로, '센터 포워드' 비야를 우측 윙 포워드로 보낸 '변칙' 4-3-3이다. 메시가 2선으로 이동하면서 생성되는 1선의 공간을 비야가 잽싸게 침투하여 슛에 가담하는 패턴이 이 전술의 핵심이다. 득점권 지역의 공간을 유연히 창출하고, 1-2선의 연결고리를 보다 명확히 확보하겠다는 것이 목표다. 상대적으로 약화될 수 있는 우측 공격 문제는 '정상급 풀 백' 다니 알베스를 전진배치시켜 타개한다(그림 5).

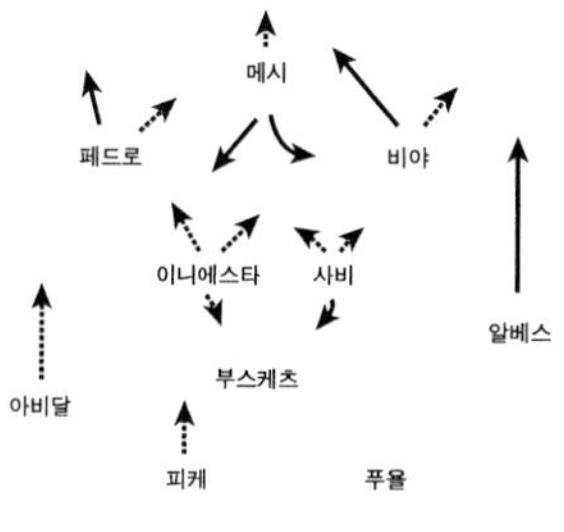

(그림 5) 10-11 시즌 FC 바르셀로나 전형

여기서 주목해 볼 점은 메시의 역할이다. 1선의 좌-중-우 공간을 페드로-비야-알베스가 각각 점유해주므로, 그가 딱히 나서서 공격의 '한 축'을 담당할 까닭이 없다. 더욱이, 이니에스타-부스케츠-사비가 미드필드 지역에서 '패스'와 '압박'을 책임져 주기 때문에 이 역할 또한 그가 주도적으로 뛰어들어 행할 까닭은 없다. 즉, '전술적 자율성'을 상대적으로 '보장'받는다는 것이다. 중앙-측면-1선-2선을 가리지 않는 유틸리티한 공격 성향과 탁월한 스피드-기술-창조성을 겸비한 그는 이 같은 여건에서 누구보다 빛나는 존재가 된다.

정리해보면, 바르샤의 공격은 굳건한 전방 System 체제 위에 메시란 히든카드의 존재가 힘을 발휘하며 시너지 효과를 낸다고 볼 수 있다. 여기서 중요한건 이것이다. '메시가 막히더라도, 바르샤의 공격 대형은 그 틀을 유지시킬 수 있다는 점', '바르샤의 공격 대형이 때때로 정적인 흐름에 묶이더라도, 메시를 통해 이를 유연히 깨뜨릴 수 있다는 점' 이 그것이다. 때문에, 상대 입장에선 어느 하나를 집중해서 견제하기 어렵다. 바르샤의 진정한 무서움은 바로 여기에 있다. 어떤 강팀이라도 바르샤전 해법 찾기가 쉽지 않다. 결국, '버티는 것만이 유일한 길이다' 라는 인식이 어느 순간부터 바르샤를 대하는 팀들에게 공통적으로 깔려버렸다. 너도나도 '극단의 수비 전략'만을 해법으로 내놓는다. 심지어 '스타군단' 레알 마드리드조차 예외가 아니다.

그런데, 이는 바르샤가 형성해 놓은 그물망에 스스로 몸을 던지는 행위나 다름없다. 그물에 걸린 물고기는 아무리 버티려 발버둥쳐봤자 결국엔 잡히게 되어있다. 즉, '극단적 수비 전략'은 바르샤의 공격력을 어느 정도 통제할 수 있는 방법이 될 순 있으나, 실질적으로 '이기는 전략'은 될 수 없다는 것이다.

그렇다면, 바르샤는 정말 공략할 수 없는 '완벽한 팀'일까?

이론적으로 따지고 볼 때, '점유율의 한 축'을 무너뜨리면 충분히 가능하긴 하다. 그런데, 이것 자체가 쉽지 않다. 구성원들 간 얽히고 힌 조직 체계가 매우 정교하고 구성지기 때문이다. 결국, 현 시점에서 '뾰족한 파해법'이란 사실상 없다고 봐도 무방하다.

그런데, 주목해 봐야 할 점이 있다. 표면적으로 '무적'의 위용을 드러내고 있는 바르샤가 실상 아주 위험한 흐름을 타고 있다는 사실 말이다. 구체적으로 알아보자. 최근 그들이 수비수 1명을 사실상 '공격수' 처럼 활용하는 가장 큰 이유는 상대의 거세진 압박에 대응하기 위함이다. 즉, '높은 공격 점유율'을 유지시키기 위해 수비수 1명을 수시로 1선 지역에 보강시키는 모험수를 두고 있다는 것이다. 이는 물론, 특유의 공격력을 유지시키는데 크게 일조하고 있긴 하다. 하지만, 반대급부로 바르샤의 뒷 문은 그만큼 엷어졌다. 이 같은 흐름은 바르샤가 특별히 자신들의 '공격축구 이상'을 뿌리치지 않는 이상, 앞으로도 지속될 것이 분명해 보인다. 현재의 전형이 도전자들의 치밀한 견재에 어느 정도 한계점을 드러내게 되면, 다시 그들은 '수비의 공격화'를 통해 이를 극복하려 할 것이란 의미다. 결국, 공격의 가공할 위력은 유지되어 나가겠지만, 갈수록 후방의 위험성은 크게 드러날 것이다.

물론, 바르샤는 보강되는 공격 숫자를 활용해 전방 압박을 탄력적으로 강화시킬 줄 아는 능동적인 팀이므로, 위의 위험성에 대한 대처를 적정 수준 잘 해 나갈 것임은 분명하다. 하지만 '전방 압박'과 특유의 '점유율 게임'은 이 문제를 커버하는데 있어 '보호막' 정도의 기능은 할 수 있으되, 문제 극복에 대한 '확실한 해답'이 되긴 어렵다.

결국, 바르샤 전성기의 지속 여부는 자신들에 대한 공략점을 치밀하게 찾으려는 라이벌 강자들에 맞서, 갈수록 커지게 될 공격력-수비력 사이의 갭을 얼마만큼 차단시킬 수 있느냐에 달려있다고 볼 수 있다.

4. 박지성의 전술적 가치 (11. 6. 22)

- 공격적 가치

흔히, 박지성을 수비적인 윙으로 인식하는 경향이 짙다. 하지만, 박지성의 진정한 가치는 오히려 '공격' 쪽에서 찾아볼 수 있다.

현대 축구의 공격 운영에 있어 공격적 플레이어들에게 필수적으로 요구되는 하나의 중대한 조건은 '공간 인지력'이다. '압박 전술의 시대'에선 활용할 수 있는 플레이 공간이 적게 나타날 수 밖에 없기 때문에, 이를 섬세히 인지하고 활용하는 능력이 중요성을 띨 수 밖에 없다.

축구 경기는, 볼의 이동 흐름에 따라 대형의 위치 및 움직임이 유동적으로 나타나는 특성을 갖고 있다. 따라서 현대 축구의 거의 모든 팀들이 공간을 죽이기 위해 아무리 노력한다 하더라도, '좋은 공간'은 필연적으로 생성될 수 밖에 없다. 이것을 능동적으로 캣치하는 팀은 '승리'하고, 그렇지 못하는 팀은 지지 않을 순 있어도 '결코' 이길 순 없다. 그렇다면, 이를 위해선 어떻게 해야 할까? 가장 선행되어야 할 것은 '부지런함'이다. 단순히 '열심히 움직인다'는 차원을 넘어, '상대 선수 및 우군 선수의 움직임에 대한 지속적인 면밀한 검토'와 '공간이 오는 타이밍을 놓치지 않으려는 강인한 정신력', 그리고 '적극적 움직임'이 필요하다. 요약해보면, '경기 흐름을 파악하는 시야의 꼼꼼함' '경기에 대한 집중력' '적극성'이 치열한 공간 다툼에서 살아남기 위한 '핵심 조건'이라는 것이다.

박지성은 이런 부분에서 굉장히 뛰어나다. 그는 위의 조건들을 기초로 자신이 갖고 있는 체력적 강점을 훌륭히 부각시켜 아주 위협적인 면모를 보인다. 즉, '날카롭고' '정교한' 공간 침투를 90분 내내 쉴 새 없이 시도하며 상대 수비의 취약 부분에 지속적인 위협을 가한단 말이다. 이것이 박지성이 그라운드 내에서 보이는 '진정한 가치'다.

비록, 박지성은 결정적 공격 상황에서 그것을 확실히 마무리 지어줄 수 있는 '정교한 기술'을 갖추고 있진 못하다. 그럼에도 불구하고, 상대는 박지성의 이 지속된 위협을 의식하지 않을 수 없다. 이는 곧, 루니-나니-치차리토 등등 결정력있는 주변 공격수들에게 더 없이 좋은 조건이 형성될 수 있음을 의미한다. '결정력이 떨어지는' 박지성이 5년이 넘

는 기간 동안 '세계 정상의 명문 클럽' 맨체스터 유나이티드에서 '주력'
의 입지를 놓치지 않을 수 있었던 가장 큰 이유가 바로 이것이다.

- 수비적 가치

흔히 알려진대로 박지성은 압박 능력이 뛰어나다. 그의 수비적 역량
은 공격 성향의 선수들 사이에선 '세계 최정상급'이다. 그의 수비적 가
치는 특히 챔피언스리그와 같은 비중있는 무대에서 힘을 발휘하는데,
이유는 크게 두 가지로 분석된다. 하나는 '풀 백 공격 가담의 필수화'
가 확고히 자리잡아가는 현대 축구의 흐름과 관련이 있다. 최근에는
풀 백이 터치라인 지점을 적절히 장악해주면서, 공격 자원들을 골 마
우스 지역으로 응집시키려는 전술적 경향이 짙다. '탈압박'을 위해선
서로간의 '협력'을 최대화 시킬 필요가 있기 때문이다. 이는 다시 말해,
많은 팀들이 풀 백의 공격 가담이 원활치 못하게 되면, 전반적인 공격
매커니즘이 틀어질 위험이 크다는 약점을 안게 되었다는 것을 의미한
다. 따라서 상대 풀 백을 압박하는 윙의 수비적 역량은 최근들어 전술
적으로 특별히 중요하게 부각되어지고 있다. 그런 의미에서 박지성은
이 시대의 '전술적 아이콘'임에 틀림없다. 실제로 박지성을 통해 상대
공격의 한 축을 무너뜨린 후, 이를 기점으로 적진 공략의 해법을 찾는
전술은 맨체스터 유나이티드의 가장 중요한 전략적 옵션 중 하나로 오
랫동안 팀에 긍정적 영향을 끼쳐왔다.

박지성의 순도 높은 수비 가담은 공격적 측면에서 또 하나의 가치를
보인다. 주변 공격수들을 보다 전진시킬 수 있다는 점이 그것이다. 쉽
게 말해, 박지성이 후방의 공지를 부지런히 메꿔주면서 동료 공격자들
이 보다 마음놓고 자신들의 역할에 집중할 수 있다는 이야기다. 박지
성을 통한 호날두 시프트, 박지성을 통한 나니 시프트는 근 5년간 맨

체스터 유나이티드 공격 전술의 '핵심' 중 중요한 하나로 자리해왔다.

- 약점

　박지성의 강점은 '이타적'이라는 것이다. 공-수를 부지런히 오가며 팀 경기 운영에 활력을 불어넣고, '위협적인 공간 침투-지속적 압박-수비 가담'으로 팀 플레이의 바탕을 마련해 준다. 하지만, 지나치게 이타적이라는 점은 '포워드'로서, 하나의 부인할 수 없는 약점으로 지적된다. 적진 골 마우스 부근에서 욕심을 내봄직한 상황에 놓였을 때, 때때로 그는 당황하는 기색을 드러낸다. 이 때 마다 시선은 땅 밑을 향하고, 신체 균형이 흔들린다. 그러다가 타이밍을 놓쳐 결국엔 주변으로 볼을 돌리며 상황을 무난히 정리한다.

　문제는 기술적 역량의 부족에 있다. 그라운드 전체를 누비고 장악하는 전술적-체력적-정신적 힘은 강하지만, 골 마우스 근처에서 적진에 직접적으로 임펙트를 가할 수 있는 기술적 힘에 대한 응축 역량은 떨어진다. 그러다보니 결정적 상황에서 좀처럼 스스로 해결점을 찾아가지 못하는 것이다. 이러한 까닭에, 자연히 이타성에 철저히 의존해 갈 수 밖에 없다. 그가 중앙 미드필더나 수비수라면, 이는 딱히 문제시 되진 않을 것이다. 하지만, 그는 엄연히 공격적 위치와 역할을 부여받는, 즉, '포워드'로 분류되는 선수다. 따라서 위치적-역할적 특성상, 자신에게 찾아오는 공격 기회가 그만큼 많을 수 밖에 없는데, 이 상황에선 '당연히' 스스로 해결점을 찾아갈 수 있는 뚜렷한 공격적 역량과 배짱을 보여야 한다. 박지성은 이것이 부족하다. 물론, 올 시즌엔 과거에 비해 이 부분에서 일취월장한 모습을 보이긴 했다. 그러나, 맨체스터 유나이티드의 공격진에서 한 축을 담당하기엔 여전히 기준치에 미치지 못하는 실정이다. 이것이 그가 공-수 모두에서 아주 높은 전술적 가치성을 지니고 있음에도, 맨유의 확실한 주전, 더 나아가 세계 최고의 선수로 오랜기간 발돋움하지 못하고 있는 결정적 이유다.

5. '브라질 축구, 그 빛나는 역사의 시작' 58 스웨덴 월드컵 당시 대표팀 전술 분석 (11. 4. 26)

　브라질 축구의 화려한 역사가 58 스웨덴 월드컵을 기점으로 시작되었다는 것은 축구팬이라면 누구나 알고 있다. 그리고 그들이 4-2-4 System을 월드컵을 통해 전 세계에 널리 알렸다는 것도 일반적으로 잘 알려진 사실이다. 하지만, 실질적으로 그들이 내세운 4-2-4 System이 어떤 목적 하에 탄생했는지, 어떤 방식으로 운영되었는지, 또한 어떤 효과를 냈는지에 대해 자세히 알고 있는 축구팬들은 드물다. 그런 의미에서 이번 주에는 당시 대표팀의 4-2-4 System에 대해 상세히 분석해 보고자 한다.

　58 스웨덴 월드컵 남미예선에서의 부진에 대한 대안으로 브라질 축구계가 월드컵을 단 4개월 앞두고 꺼내든 최후의 카드는 '상파울루 FC 출신의 명망있는 지도자' 비센테 페올라였다. 준비기간이 촉박할 수밖에 없는 여건에서 페올라 체제의 브라질은 월드컵 건승을 위한 '특단의 조치'를 취해야했다. 페올라가 인식한 문제의식은 크게 두 가지였다. M자 수비토대의 후방 지역 곳곳에서 드러나는 공간에 대한 '커버링 부재(이에 대해선 공격력이 있는 수비자, 특히 좌측 수비수인 닐톤 산토스의 공격 가담에서 온 영향력도 무시할 순 없었다. 참고로 페올라가 부임하기 전까지 브라질 대표팀은 WM System〈대각선식〉을 주된 전술로 활용하고 있었다.)', 기복을 보이는 공격진의 유기성 결여 및 결정력 부족이 그것이다. 문제 해결을 위해 페올라는 '대각선식 구도(사각 형

태의 미드필드 진영에서 한쪽의 앞-뒤 라인이 전진하고, 다른 한쪽의 앞-뒤 라인이 후진배치한 구도)에서 운영되던 미드필드진의 역할과 위치를 정형화하여 공-수 숫자를 동시 보강한다'는 것을 대안책으로 내놓았다. 구체적으로 수비적 역할에 보다 치중했던 수비형 미드필더를 수비라인과 동일선상까지 후퇴시키고, 공격적 역할에 보다 치중했던 공격형 미드필더를 포워드라인까지 올려 활약케 한다는 것이었다. 상대적으로 중원에 남은 공격형-수비형 미드필더는 균형추를 맞춰가기 위해 각각 다소간의 후퇴-전진이 불가피했는데, 이로서 이들은 중원에서 보다 강하게 응집하게 되었다. 즉, 4-2-4 System이 결과적으로 월드컵을 위한 대표팀의 '비장의 카드'로 떠오르게 되었다는 말이다(그림 6) (그림 7).

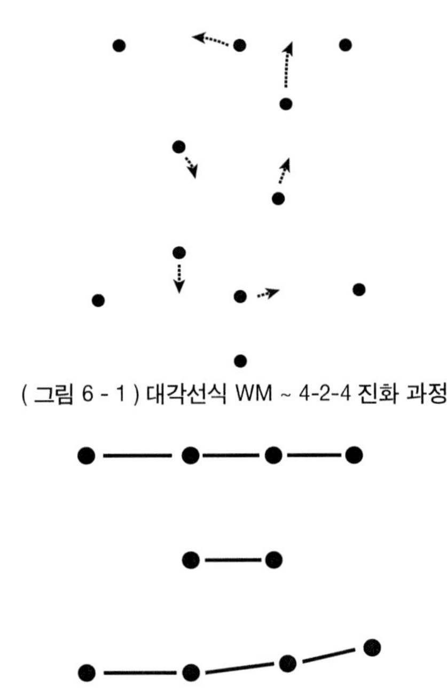

(그림 6 - 1) 대각선식 WM ~ 4-2-4 진화 과정

(그림 6 - 2) 대각선식 WM ~ 4-2-4 진화 과정(4-2-4 System)

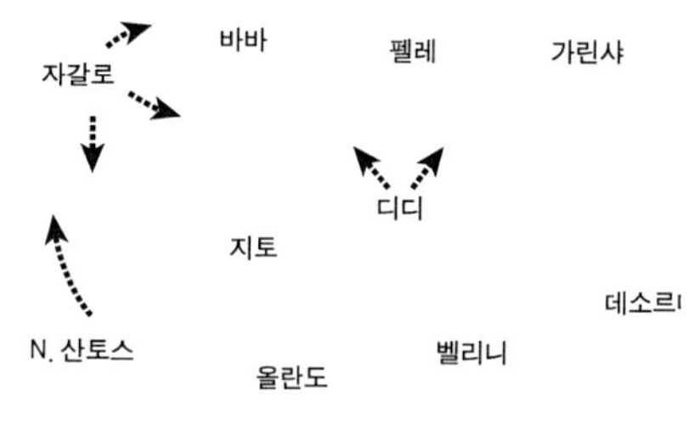

(그림 7) 58 스웨덴 월드컵 당시 브라질 대표팀 전형

4-2-4 System의 효과는 58 스웨덴 월드컵에서 이루 말할 수 없을 정도로 크게 드러났다. 핵심은 공-수 운영시, 숫자 싸움에서 항상 이겨냈다는 것이다. 열쇠는 미드필더 지토-디디가 쥐고 있었다. '1차 수비의 리더이자 공격 보조자' 지토와 '공격 플레이메이커이자 1차 수비의 보조자' 디디가 중원에서 펼치는 첨예한 협력은 공-수 숫자 보강에 큰 영향력을 행사했다. 즉, 중원 플레이어 2명이 지속 협력하며 경기 상황에 따라 '함께' 공-수를 지원하는 운영 특성이, 공-수 어느 상황에서나 '4+2'의 구성을 이끌어내며 팀 경기의 운영 효과를 극대화시켰다는 것이다. 이는 특히, 각각 5명의 숫자로 공-수 운영을 진행한다는 것을 근본 모토로 삼았던 WM, 2-3-5 System이 여전히 축구계를 지배하는 시대적 배경에 있어, 높은 활용가치를 냈다. 상대하는 거의 모든 팀들을 대상으로 거의 매 순간, 공격과 수비의 운영에 있어 6대5의 숫자적 우세를 안고 경기를 치렀다는 말이다.

이는 또한 크게 세 가지의 세부적 전술 효과를 냈다. 우선, 전방 공격에 있어서는 '히든카드'의 활용가치를 높일 수 있었다. 즉, 당시 팽배했던 M자 수비를 맞아, 중앙 미드필더 2명이 상대 수비형 미드필더 2명의 견재를 끌어내고 공격 3인방이 상대 최종 수비 3명의 대인방어를 유도하는 틈에, 상대적으로 자유롭게 되는 전방 공격수 1명을 '히든카드'로 앞세워 공격 결정력을 높일 수 있었다는 말이다. 당시의 팀에서 '공격 히든카드' 역할을 해준 선수는 '패기, 기술, 타고난 창조성'으로 똘똘 뭉친 17세의 천재 공격수 펠레였다(펠레는 예선리그 3차전인 소련전부터 주력 멤버로 활약했다. 참고로 그는 여전히 뚜렷하게 개선되지 못하는 모습을 보인 팀의 득점력 빈곤에 대해 페올라 감독이 꺼내든 최후의 비책이었다.). 펠레는 '선배들의 희생'과 '전술적 구도의 특성'으로 인해 보장된 상대적인 '자율성'을 등에 업고 종횡무진 적진을 누볐다(그는 4경기에서 무려 6득점을 기록하는 활약으로 팀의 월드컵 정상을 이끌었을 뿐 아니라 대회 최우수 선수에까지 오르는 영예를 누렸다.). 펠레의 활약은 상대 최종 수비자들의 견재에 대한 분산을 유도해 또 다른 스트라이커 바바, 우측 윙 포워드 가린샤에게도 연쇄적으로 기회가 열리는 효과 또한 이끌어냈다.

수비진 운영에 있어선 두 가지의 전술 가치를 팀에 선물했다. 하나는 본래 수비형 미드필더였던 벨리니의 후퇴로 인해 4명이 이룬 최종 수비진이 상대 최종 공격자들과의 숫자 싸움에서 우세를 점할 수 있었다는 것이다. 특히, 주목해 볼 점은 4명의 수비자가 좌-우로 늘어서서 자신의 관활 지역에 대한 공간 수비에 중점을 두는, 즉 지역방어에 기초하며 수비진의 흔들림을 최대한 방지했다는 점이다. 이를 통해 단단해진 수비진은 남미에선 때처럼 위험 공간을 쉽게 노출하지 않았다. 다른 하나는 두툼하게 체계를 이룬 수비진을 전제로 '수준급' 공격력을 자랑하던 좌측 풀 백 닐톤 산토스의 공격 가담을 보다 더 유연하게 이끌어낼 수 있었다는 것이다(닐톤 산토스의 공격력은 월드컵에서 특히 빛났다. 실제로 오스트리아전에서는 골을 기록하기도 했다.). 닐톤 산토스의 공격 가담은 종종 팀 공격이 정체되는 경향을 보일 때, 그것을 완화시켜준다는 차원에서 가치를 발휘했다(참고로 '공격형 풀 백' 이라는 개념의 성립과 활용은 훗날, 브라질 축구의 전술 정체성 확립에 있어 빼놓을 수 없는 '가치' 를 보이게 된다. 구체적으로 '실리주의적' 색채가 갈수록 뚜

렷해지는 국제 축구 전술 흐름에 있어, 브라질 축구가 특유의 ‘공격성’ 을 꾸준히 지탱해 나가는데 대한

귀중한 카드로서 ‘공격형 풀 백’ 이 존재적 가치를 한껏 발휘한다는 것이다.)

이처럼, 당시 브라질 대표팀은 WM과 2-3-5 System의 고전적 틀을 벗어나지 못하던 국제 축구 무대에서, 미드필더 개념의 성립과 이를 근거로 한 공-수 운영의 유기성, 지역방어 체계 확립 등등 여러 가지 신개념적인 전술 토대를 구축해 그 효과를 월드컵을 계기로 전 세계에 각인시켰다. 한 차원 높은 전술적 수준, 4포워드(자갈루-바바-펠레-가린샤)가 뿜어내는 화끈한 공격력 등등이 적절히 어우러진 당시의 팀은 6전 5승 1무 16득점 5실점의 훌륭한 기록으로 58 스웨덴 월드컵 무대를 화려하게 평정했다.

6. 프리미어리그 35라운드’ 맨유의 아스날 원정, 전술 분석

(11. 5. 4)

- 10-11 시즌 35라운드, 맨유-아스날전은 당시 우승이 유력시되었던 맨체스터 유나이티드를 홈으로 불러들인 ‘라이벌’ 아스날의 배수진을 친 저항이 인상깊었던 경기였다. 챔피언스리그 토너먼트가 한창 진행되던 시기라 체력적인 측면에서 열세에 있었던 맨체스터 유나이티드는 자존심을 건 아스날의 맹렬한 공격에 맥을 추지 못했다. 결국, 그들은 0 - 1 패배를 당했다. -

치차리토-루니 공격 조합을 앞세운 4-4-2 System이 근래 들어 긍정적인 결과물을 이끌어오고 있다는 점을 고려하더라도, 퍼거슨 감독이 ‘아스날 원정’에서까지 이를 내세울 것이라고는 다소 예상하기 힘들었

다. 강호와의 맞대결에선 루니만을 전방에 둔 4-5-1 System을 절대적으로 선호해온 것이 올 시즌 그의 주된 팀 전술 운영 방식이었기 때문이다. 이것에 대해 퍼거슨 감독은 이런 생각을 했던 것 같다. '수비 가담력'·'기동성'을 겸비한 치차리토와 2선 플레이에 눈을 뜬 루니가 모두 중원 경기력에 적절히 힘을 보탤 수 있는 선수들이므로, 이들을 앞세운 4-4-2는 4-5-1에 버금가는 효과를 이끌어낼 수 있다는 '생각' 말이다. 즉, 4-5-1의 효과와 4-4-2의 공격적 성향을 모두 이끌어낼 수 있는 이 같은 구성을 놔두고, 굳이 안정지향적인 4-5-1을 꺼내들 까닭이 없다는 것이 그의 궁극적인 계산이었던 것 같다(그림 8).

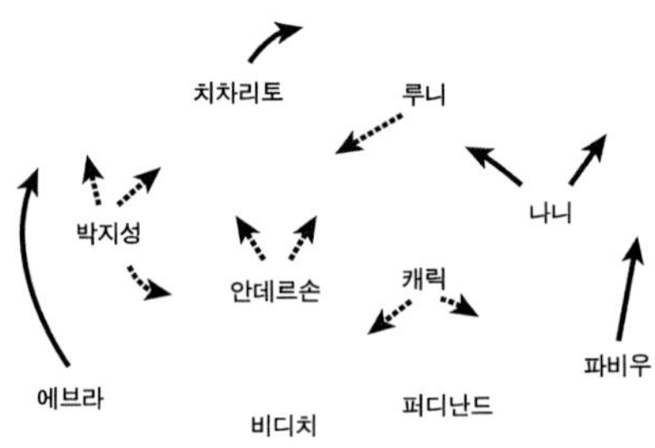

(그림 8) 맨체스터 유나이티드 전형

하지만, 이것은 결과적으로 '패착'이었다. 아스날에 중원을 완전히 허용했기 때문이다. 4-5-1을 기준으로 '스트라이커' 반 페르시의 적절한 지원을 더해 중원에서의 응집성을 최대한 강화하려한 아스날의 거친 압박에 맨유는 지속해서 수세로 몰렸다. 그들은 루니의 뒷 선 지원 빈도를 높이며 대응해보려 했지만, 사실상 6명이 응집하는 아스날의 미드필드진에 직접적으로 승부를 걸기엔 숫자적으로 부족한 모습을 자주 드러냈다. 이는 경기 내용에서 그대로 드러났다. 맨유 특유의 '템포 축구'가 완전히 묻히는 사이, 오래간만에 아스날의 '패싱 축구'가 빛을 냈다(그림 9).

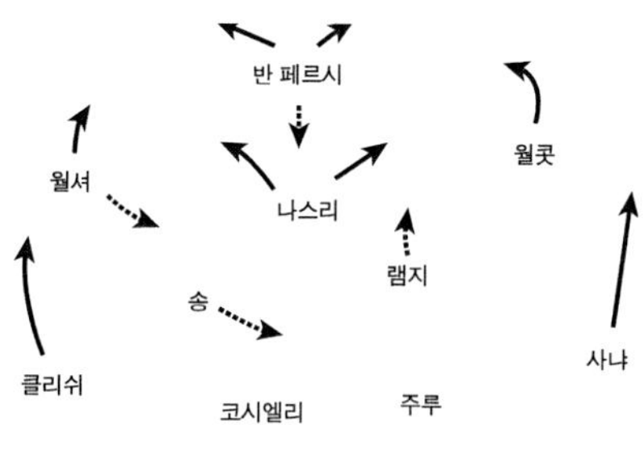

(그림 9) 아스날 전형

그런데, '중원에서의 숫자적 차이'가 맨유의 졸전과 아스날의 선전에 대한 '결정적 이유'라고 보기엔 무리가 있었다. 맨유로서도 주도권의 기회를 앗아올 수 있을 만큼의 전술적 유리함이 '분명' 있었기 때문이다. 미드필드에서의 숫자 싸움에서는 다소간 불리함을 안고 싸울 수 밖에 없다 하더라도, 치차리토-루니라는 기동성 좋은 2스트라이커가 상대 2명의 센터 백과 직접적으로 대치할 수 있다는 구조상의 잇 점을 충분히 활용 가능했다는 의미다. 이를 위해선 중원 지역에서 어느 정도 경쟁력을 확보하며 '공격적'이고 '적극적'인 전진 패스가 2스트라이커에게로 전달될 수 있는 여건을 만드는 것이 중요했다. 그러나, 맨유의 미드필드 조직은 숫자적 열세를 적절히 극복할 수 있을 만큼의 단단함을 전혀 보이지 못했다.

 가장 큰 요인은 안데르손의 부진이었다. 우선, 그는 수비적 측면에서 조금도 팀에 기여하지 못했다. 그의 불안정한 위치선정과 부족한 마킹 능력은 아스날에 맹공을 허용한 '핵심 요인'이었다. 아스날이 이 같은 약점을 철저히 공략하며 보다 중앙지역을 직접적으로 파고들었기 때문에, 맨유는 위험성을 줄이기 위해 대체로 4백 라인의 좌-우 간격을 바짝 당겨 소극적으로 후퇴하려는 경향을 보일 수 밖에 없었다. 자연히 좌-우 깊은 지역에 공지가 자주 발생했고, 이 과정에서 윙이 큰 수비 부담을 떠안아야 했다. 특히, 부진했던 안데르손과 공-수를 폭넓게 넘나든 에브라가 버틴 좌측면의 공간이 넓었다. 결과적으로 이날 경기에선 '좌측 윙' 박지성이 특히나 많은 희생을 감수해야 했다.

공격적인 측면에서도 안데르손의 부진은 아쉬움을 남겼다. 포지션적 특성상, 그는 뒷 선에서 2스트라이커에게로 전달되는 공격적인 패스를 공급해줘야 했다. 때로는 캐릭과 협력하여 볼 점유율을 확보하며 3선간의 좁은 대형을 유도해 주는 경기 운영을 이끌어줬어야 했다. 그러나, 그는 무리한 돌파와 부정확한 패스로 흐름을 자주 끊었다. 결국, 공격 자원들의 개인 능력으로 문제를 해결해 나갈 수 밖에 없는 여건에서 맨유의 공격은 심각한 정체 현상을 보였다.

이러한 까닭에 퍼거슨 감독은 비교적 이른 후반 10분, 안데르손을 빼고 '우측 윙' 안토니오 발렌시아를 투입하며 전형상의 변화를 줬다. 나니가 좌측으로, 박지성이 중앙으로 이동하며 보다 공격적인 4-4-2의 대형을 갖췄다. 박지성의 풍부한 움직임을 활용해 중원에서 균형을 갖추고, 적진으로 침투 할 수 있는 좌-우 윙을 중심으로 과감히 진격하면서 아스날의 주도권을 무너뜨리겠다는 의도였다(그림 10).

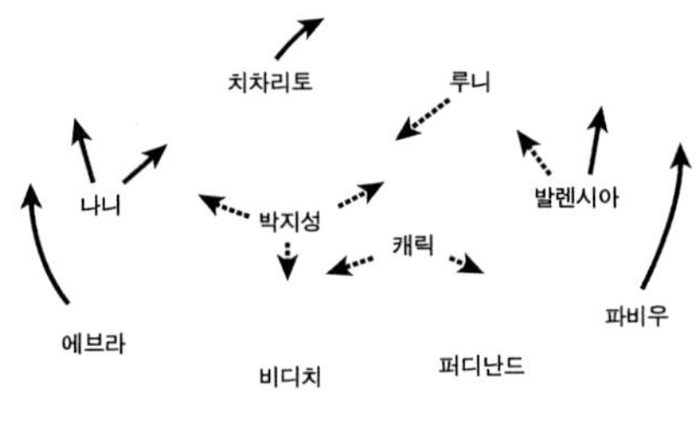

(그림 10) 후반 10분 맨체스터 유나이티드의 전형 변화

　그러나, 발렌시아의 교체 투입 직후, 맨유는 전반전 동안 가장 우려되던 패턴에 의해 선제점을 허용하고 말았다. 에브라의 후방 공간으로 침투해 들어오는 아스날의 공격에 맨유의 수비진은 이전과 마찬가지로 4백이 좌-우 간격을 좁히며 애처롭게 물러서기만 했다. 이 틈에 생긴 아크 부근의 공지에 대해선, '중앙 미드필더'로 변신한 박지성이 전반전의 안데르손이 그러했던 것처럼 멀뚱히 바라만 봤다. 결국, 이 공간을 사수한 램지에게 완벽한 기회를 열어주고 말았다. 램지는 비록 20세의 어린 선수지만, 동시에 침착한 선수였다. 그의 냉정한 슛에 대해선 그간 선방해오던 반 데르 사르 골키퍼로서도 어쩔 도리가 없었다.

　전반전부터 공-수에 걸쳐 많은 활동을 보인 박지성은 후반들어 지친 기색이 역력했다. 안데르손 이상의 플레이를 기대하기 힘들 정도였다. 문제는 박지성을 대신할 중원 자원이 벤치에 없었다는 것이다. 결국, 그들이 새로운 작전을 구사하기 힘든 여건에서 경기 양상은 특별한 반전 없이 진행되었다. 퍼거슨 감독은 후반 막바지로 가면서 '공격수' 베르바토프와 마이클 오웬을 잇따라 투입하는 등 할 수 있는 범위 내에서 최선을 다했지만, '승리' 하겠다는 아스날의 높은 열망을 끝내 뿌리치진 못했다. 결국, 그들은 0 - 1의 패배를 받아들일 수 밖에 없었다.

7. 아슬레틱 빌바오전에서 가동한 호세 무리뉴의 독특한 전술 운영 (10. 4. 13)

- 사실상, 2011년 4월 11일날 펼쳐질 FC 바르셀로나전의 예행 차원에서 치른 경기라해도 과언은 아니었다. 이 경기에서 무리뉴 감독은 수비 조직을 가다듬는다는 인상을 강하게 비췄는데, 이 과정에서 그가 활용했던 전술 운영이 시선을 끌었다. -

인터밀란-키에보전을 관전하던 중, 동 시간에 펼쳐진 레알 마드리드-아슬레틱 빌바오의 경기에서 오래간만에 카카가 선발로 출전하여 좋은 활약으로 골까지 기록했다는 소식을 접하고는 곧바로 채널을 돌렸다. 전반전의 경기를 관전하지 못했다는 점은 아쉬웠지만, 카카의 수준 높은 경기력을 다시 볼 수 있다는 점에 큰 기대감을 안고 모니터에 시선을 집중시켰다. 그런데, 정작 나의 시선을 끈 것은 카카의 활약 보단 호세 무리뉴의 전술 운영이었다. 기본적으로 호세 무리뉴는 이날 경기에서 4-3-1-2 System을 가동시켰다. 수비라인이 운영되는 기준점을 비교적 뒷 선에 두고, 풀 백의 오버래핑을 자제토록하며 수비의 조직을 강조했다. 그리고 수비형 미드필더로 배치된 페페가 철저히 후방 중심의 위치 선택을 하면서 최종 수비 숫자를 5명까지 시시각각 보강시켜주었다. 수비 운영에 역점을 둔 만큼, 공격은 전방 공격 3각 편대에 의존한 '역공'에 치중하는 모습을 보였다(카카가 정교한 스루패스로 뒷 공간을 열고, 개인기가 좋은 디 마리아가 활로를 개척하며, 이과인이 마무리하는 3각 편대의 역할 분업이 뚜렷하게 나타났다.). 이러한 까닭에 레알 마드리드는 미드필드 진영에서 볼 점유율을 명확히 이끌어오진 못했으나, 대신, 강력한 수비와 정교한 역공을 앞세워 실속있는 경기를 했다(그림 11).

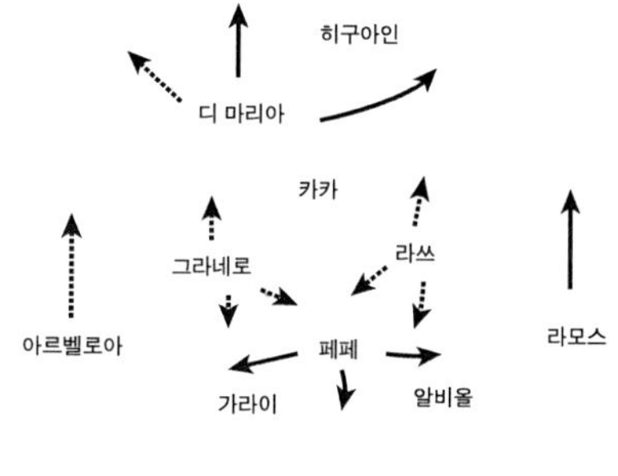

(그림 11) 아슬레틱 빌바오전 레알 마드리드 전형

하지만, 미드필드 지역에서 좌-우로 전달되는 아슬레틱 빌바오의 빠른 전환에는 다소간의 허점을 노출했다. 미드필드 진영이 분산되는 틈에 뒷 공간이 위험에 노출되는 상황도 종종 발생했다. 수비 숫자를 사실상 5명이나 두는 바람에, 미드필드 지역에서의 공간 방어가 상대적으로 허술해진 것이 원인이었다.

때문인지, 후반 10분 카카의 추가골로 승기를 잡자, 호세 무리뉴는 미드필드 수비를 더 보강하기 위한 전술 변화를 시도했다. 후반 15분과 20분, 각각 이과인과 디 마리아를 빼고, 크리스티아누 호날두와 사비 알론소를 투입하며 4-4-2(4-4-1-1) System으로 전환했다. 엄밀히 따져 4-1-3-2(4-1-3-1-1) System이었다. 호날두가 최전방에, 카카가 호날두의 처진 지점에 위치했고, 그 아래 포지션에 라사나 디아라-사비 알론소-그라네로가 포진했다. 수비진은 이전과 같은 방식으로 운영되었다. 미드필드-수비 대형의 수비력을 '극단적으로' 높여 조금의 틈새도 허용치 않겠다는 것이 궁극의 의도였다. 구체적으로 수비 전환시, 그들은 우선 4-1-3-2로 압박하고, 여의치 않을 시엔 곧바로 5-4-1(5-3-1-1)로 전환해 뒷 선을 강화하는 방식을 취하며 아슬레틱 빌바오의 막바지 추격 의지를 꺾어놓았다(그림 12).

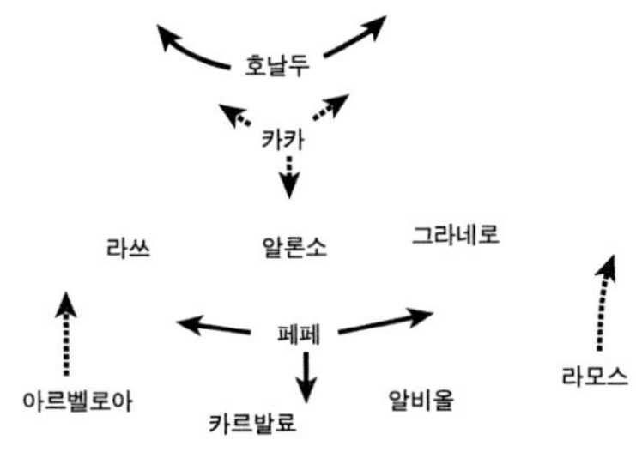

(그림 12) 후반 10분, 레알 마드리드의 전형 변화

여기서 주목해 볼 점은 높아진 미드필드 수비 기동성을 앞세워 사전 압박 성공 빈도를 높였다는 것이다. 때문에, 만회점을 위해 공격 비중을 높인 아슬레틱 빌바오의 수비 뒷 공간을 근거리에서 공략할 수 있는 기회를 여럿 잡을 수 있었다. 이는, 좌-우로 폭넓게 펼쳐 들어가며 공간을 확보하려했던 호날두의 침투와 미드필드진의 전진 패스를 돋보이게 만든 원인이 되었다. 즉, 포지션 구성의 '극단적 수비화'가 '수비 안정'은 물론, '압박→역습'의 가동 빈도를 높여 공격 효과까지 드높인 것이다. 레알 마드리드의 막바지 경기운영은 비록 수비적이었지만, 결코 수비에 치중했다고 볼 수 없을 정도로 공-수 균형이 갖춰져 있었다. 결국, 그들은 3 - 0의 압승을 거두었다. 무리뉴의 전술적 내공이 빛을 발한 승부였다.

8. '밀라노 더비' 다시보기 (11. 4. 7)

올 시즌 밀라노 더비, 즉 한국 시간으로 4월 3일 오전 3시 45분에 펼쳐진 AC밀란과 인터밀란간의 세리아 A 31라운드 경기는 어느 때 보다도 이탈리아 축구팬들의 이목을 집중시켰다. '스쿠데토의 향방'을 가늠할 중대 기로에서 양 팀이 만났기 때문이다(이전 라운드까지 AC 밀란이 승점 62점으로 1위, 인터밀란이 승점 60점으로 2위를 달리고 있었다. 박빙의 승점도 승점이지만, 시즌 막바지 상승 분위기를 누가 주도하느냐에 대한 부분도 걸려있었기 때문에, 양팀 입장에선 이 경기가 실로 중요한 일전이었다.). 그러나, 치열할 것으로 예상되었던 이 경기는 의외로 AC밀란의 3 - 0 완승으로 끝나버렸다. 시종일관 무기력했던 인터밀란을 상대로 AC 밀란은 특별한 어려움없이 그라운드를 장악했다. 이로서, AC 밀란은 인터밀란과의 승점차를 5점으로 벌리며 스쿠데토를 눈 앞에 두게 되었다. 남은 경기는 7경기. 현재의 팀 컨디션을 유지한다면, AC밀란의 정상 등극이 아주 유력해 보인다.

이번주에는 무성한 소문에 비해 딱히 먹을 반찬 없었던 '밀라노 더비'의 면면을 짚어보았다. 구체적으로 양 팀이 어떤 전략으로 나섰는지, 승부를 가른 주요점이 무엇이었는지에 대해 나름의 시각에서 꼼꼼히 살펴보았다.

- System

인터밀란은 레오나르도가 선호하는 4-3-3 System에 근거해 공격적 경기를 펼쳤다. 3포워드에 스네이더, 풀 백까지 합세하는 무시무시한 공격 편대를 이날 경기에서도 그대로 선보였다(그림 13).

반면, AC 밀란의 알레그리 감독은 인터밀란의 공격력을 의식해 대형을 꾸렸다. 인터밀란 경기 운영의 무게중심이 공격 쪽에 쏠리는 만큼,

언제든 수세적으로 경기를 할 수 있도록 미드필드진을 구성했다. 시도르프-반 봄멜-가투소가 미드필드 후방 라인을 갖추고, 그 앞 포지션에 지속된 수비 가담이 가능한 프린스 보아텡을 둔 것이다. 상대적으로 공격진에는 '스피드'가 좋은 파투-호빙요 조합을 두어 역습 효과를 드높였다. 전체적인 System적 구도는 4-3-1-2였다(그림 14).

양 팀의 System적 특성을 고려해볼 때, 이날 경기는 '인터밀란의 공격-AC 밀란의 수비'가 그라운드를 수놓을 가능성이 높았다.

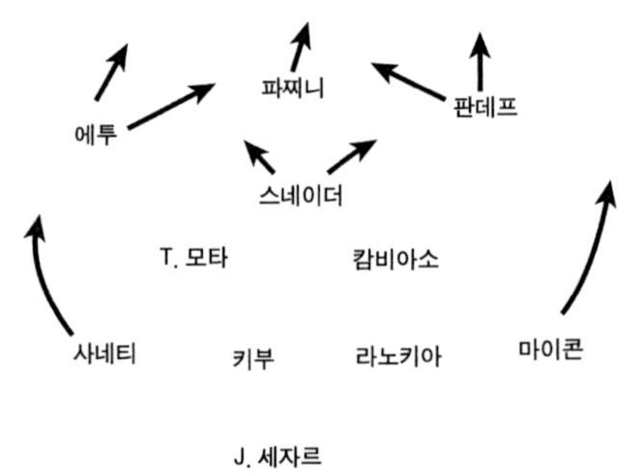

(그림 13) 인터밀란 전형

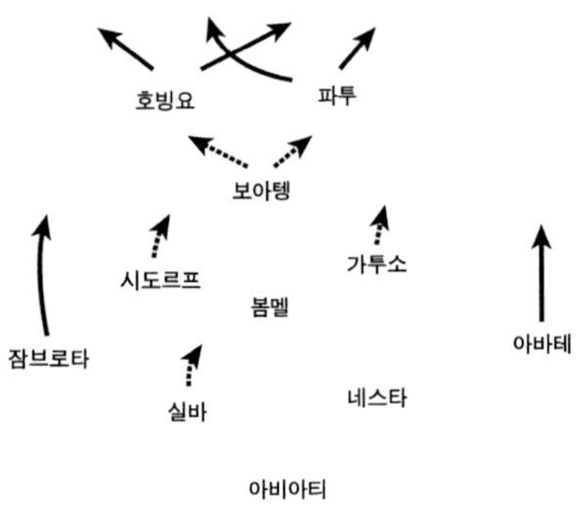

(그림 14) AC 밀란 전형

- 전반전 - 전략의 승리, 주도권을 잡은 AC 밀란 -

전반적으로 알레그리의 전략적 선택이 정확히 들어맞은 전반전이었다. 인터밀란의 '윙 포워드' 에투-판데프의 수비 가담이 적은데다, 스네이더까지 공격에 비중을 두며 경기를 운영했기 때문에, 미드필드 중앙에서 AC 밀란이 너무 쉽게 숫자적 우위를 점했다. 이를 통해 AC 밀란은 인터밀란의 공-수 연결 조직을 능률적으로 단절시킬 수 있었고, 이는 곧, 수많은 역습 기회를 맞는 결과로 이어졌다.

미드필드를 장악한 만큼, 역습시, 전방으로 이어지는 패스가 전반적으로 공격적이고 정확했다. 좌-우로 폭넓게 이동하며 공간을 확보해나간 파투-호빙유는 이러한 패스를 받아 마음껏 자신들의 장기인 1대 1, 2대1 돌파를 시도할 수 있었다.

물론, AC 밀란이 정교한 공격을 펼칠 수 있는 선수를 다수 두지 않았던 만큼, 이전 경기들에 비해 연계공격의 세밀함은 다소간 떨어진 인상을 비추긴 했다. 그러나, 이날 경기의 인터밀란을 무너뜨리는데 있어 이것이 특별한 장애가 되진 않았다.

결국, 전반전은 중원을 장악하며 역공 전술로 쉴 새 없이 인터밀란의 수비진을 괴롭힌 AC 밀란의 '완승'으로 끝났다고 정리해 볼 수 있었다(결과적으로 AC 밀란은 경기 시작 40초만에 터진 파투의 선제점에 힘입어 전반을 1 - 0으로 앞선 채 끝마쳤다. 파투의 선제점은 AC밀란이 기선을 잡고 경기를 펼치는데 있어 큰 역할을 했다.).

- 후반전 - 키부의 퇴장, 압도적이었던 AC 밀란의 경기력 -

후반 들어서는 1점 뒤지고 있는 인터밀란이 거세게 추격의 고삐를 당겼다. 신중했던 AC 밀란도 기세 싸움에서 뒤지지 않기 위해 전방지향적으로 강하게 부딪히며 맞섰다. 자연히, 후반 초반은 '치열한 공방전'이 그라운드를 수놓았다.

그런데, 후반 8분, 인터밀란 수비수 키부의 퇴장이 균형의 추를 무너뜨렸다. 전진 수비를 펼치던 인터밀란 수비진이 파투의 영리한 돌파에 뒷 공간을 내줬고, 이를 키부가 무리하게 저지하려다 파울을 범한 것이다. 상대의 결정적 득점 기회를 저지하는 고의성 짙은 파울은 '즉시 퇴장'이다. 이 규칙에 의거, 키부는 후반 8분을 기점으로 그라운드를 떠나야 했다.

이로서, 인터밀란은 '설상가상'의 국면에 처했다. 1골을 뒤지고 있는 형국에서 숫자적 열세에까지 놓였기 때문이다(레오나르도 감독은 곧바로 우측 공격수 판데프를 빼고, 중앙 수비수 코르도바를 투입해 키부의 공백을 메웠다. 전형은 4-3-3에서 4-3-2로 전환했다.) (그림 15).

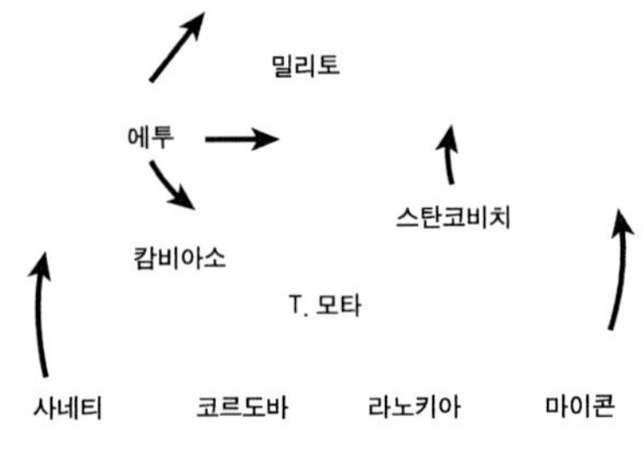

(그림 15) 키푸 퇴장 후 인터밀란의 전형 변화

반면, 경기 시작부터 중원 주도권을 쥐었던 AC 밀란은 숫적 우위까지 확보하면서 그라운드를 '완벽히' 장악해 나가기 시작했다. 이 시기를 기점으로 우측 풀 백 아바테는 물론, 이전까지 비교적 수비적으로 집중했던 좌측 풀 백 잠브로타까지 공격 가담에 합세하는 등등 과감한 경기로 더욱 인터밀란을 궁지로 몰아세웠다. AC 밀란은 너무도 자연스럽게 볼을 좌-우-전-후로 순환시켰고, 이 과정에서 파투의 추가골과 교체 투입 된 카싸노의 쐐기골이 터졌다. 경기는 그렇게 마무리되었다.

- 융통성 빛난 알레그리의 전술 운영

알레그리 감독의 융통성있는 팀 전술 운영이 빛을 본 한판이었다. 호빙요, 파투, 카싸노, 즐라탄으로 대표되는 '판타스틱 4'를 모두 공존시키기 보다는, 상황에 맞춘 전술 변화에 이들을 다용도로 활용하며 효과를 보고 있는 알레그리의 영리한 팀 운영이 이날 경기에서 빛을 봤다. 즐라탄과 카싸노가 선발에서 빠졌지만, 호빙요-파투-보아텡이 이룬 공격 편대의 호흡은 무난했다. 이러한 까닭에 '선수비 후 역습'에 기반하여 인터밀란의 뒷 공간을 매섭게 노린 알레그리의 전략은 이날 경기에서 정확히 통할 수 있었다.

- 레오나르도의 경험부족, 아쉬웠던 전술 선택

인터밀란 입장에선 뻔히 보이는 수에 그대로 당한 레오나르도 감독의 경험 부족이 큰 아쉬움으로 다가왔을 것이다. System상의 운영적 특성상, AC 밀란이 중원에서 숫 적 우위를 확보해가며 자신들의 뒷 공간을 집중적으로 노릴 것이라는 점은 쉽게 예상할 수 있는 패턴이었다. 그렇다면, 레오나르도는 '공격'에 궁극의 전술 포커스를 맞추더라도, 뒷 선의 균형을 의식한 깊이 있고 융통성있는 운영력을 '필히' 보였어야 했다. 특히, 이날 경기가 그토록 중요한 일전이었다면, 더욱 이 점에 신경썼어야 했다.

물론, 선제점을 너무 빨리 내주는 바람에 어려운 경기를 펼칠 수 밖에 없었단 점을 간과할 순 없다. 그러나 그 점을 감안하더라도, 전술 운영의 구조적 약점을 그대로 노출하며 알레그리의 의도에 이리저리 쉽게 끌려다닌 그의 경기 상황 대처 능력 부족은 팬들의 안타까움을 자아내기에 충분했다.

9. 이탈리아 축구 전술 변천사 (11. 3. 30)

- 일 메토도

30년대, 이탈리아 대표팀 감독 비토리아 포조는 2-3-5 System을 수비적으로 변형한 일 메토도를 창안해 두 차례의 월드컵을 거머쥐었다 (34 이탈리아, 38 프랑스). 일 메토도는 중앙 미드필더를 수비진의 인접 지점까지, 2명의 인사이드 포워드를 미드필드 중간 지점까지 후진배치시킨 형태에 기초한다. 중앙 미드필더의 주요 역할은 상대 센터 포워드에 대한 마크-공격 전환에 대한 후방 지원이며, 인사이드 포워드의 주요 역할은 미드필드 경기 지원과 1선으로의 볼 전달이다(인사이드 포워드 조합은 돌파와 득점력이 좋은 1명과 패스와 경기 조율 능력이 우수한 1명이 이루었다.). 경기 운영의 무게 중심을 비교적 뒷 선에 두며 '선수비 후 공격'을 지향하겠다는 것이 궁극의 의도였다.

'우선 많은 득점을 하고, 실점수를 줄여 이기겠다'는 것이 전술 목적에 대한 보편적 인식으로 자리잡고 있었던 시대에, '우선 실점을 막고, 그 후 득점을 하여 이기겠다'는 발상은 당시로선 획기적인 것이었다. '득점'을 원하는 상대가 굳건한 방어벽에 막혀 갈팡질팡하는 틈에, 포조의 이탈리아는 능숙히 승리의 해법을 찾아나갈 수 있었다(그림 16).

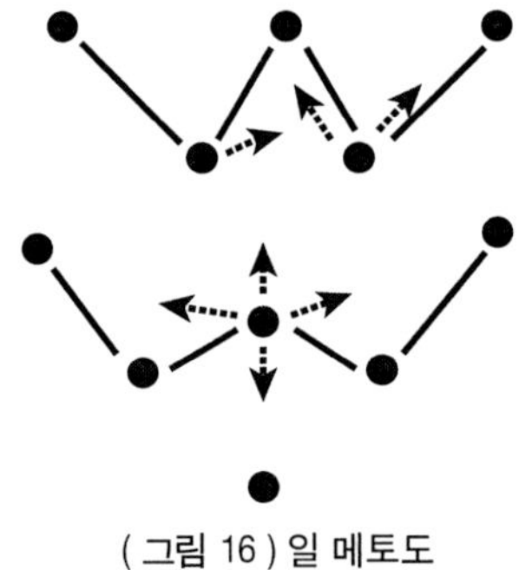

(그림 16) 일 메토도

- 시스테마

일 메토도는 한 가지 약점이 있었다. '상대의 주 득점원', 즉 센터 포워드에 대한 압박을 강력히 시행하기 어렵다는 점이 그것이었다. '미드필더'로서의 활동도 시행해야 하는 중앙 미드필더가 수비적 역할에만 몰두할 수 없었기 때문이다. 이러한 까닭에 1940년대로 접어들면서, 중앙 미드필더를 '전문적 디펜더'로 고정시키는 작업이 이탈리아의 주요 클럽팀들로부터 행해졌다. 그런데, 수비수로 전향한 중앙 미드필더의 '미드필더적' 역할을 남은 미드필더 자원들이 명확히 대체 해주어야만 이러한 변화가 자리 잡을 수 있었다. 이에 대해선, 2명의 인사이드 포워드 중, 1명이 보다 수비적으로 활동하며 메웠다. 이로서, WM System에 기초하여 더욱 수비적으로 진화한 일 메토도가 탄생했다. 이것이 '시스테마'였다(그림 17).

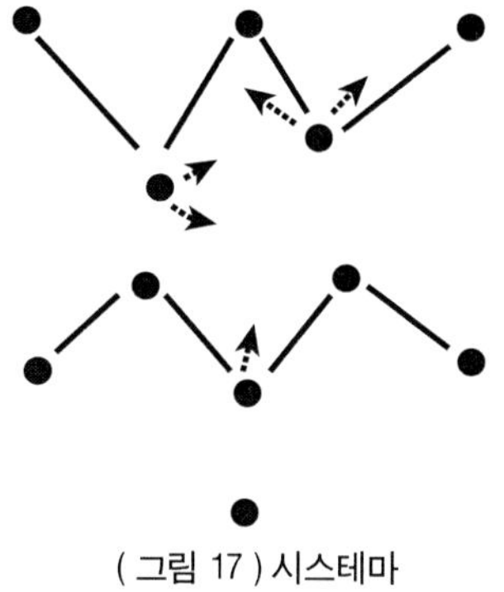

(그림 17) 시스테마

- 리베로 시스템

1940년대까지만 하더라도 일 메토도-시스테마가 이탈리아 축구의 대표적 전술 틀로서 확고히 자리잡고 있었다. 그러나, 1952년, 알프레도 포니가 인터밀란의 감독으로 부임하게 되면서부터 새로운 바람이 일었다. 그가 공격수 숫자 1명을 과감히 줄이고, 수비수 숫자 1명을 더 둔

'극단적 수비 전술'(이것이 그 유명한 '리베로 시스템' 이다.)을 인터밀란팀에 장착시켜 크게 성공했던 것이 계기가 되었다.

이후, 그의 시스템은 급속히 이탈리아 내부에서 유행의 기류를 탔고, 80년대 후반까지 그 명맥을 이어갔다('카데나치오, 즉 리베로 전술은 오직 이탈리아만이 시행할 수 있다' 당시 네레오 로코, 엘레니오 에레라가 했던 이 말처럼, 공격 숫자를 줄이고, 수비 숫자를 늘리는 극단의 방어지향적 경기는 당시로선 누구나 흉내 낼 수 있는 것이 아니었다. 이탈리아 축구계 내부에서 이것이 빠르게 보편화 될 수 있었던 것은, 일 메토도-시스테마의 전통에 영향을 받은 정상급 대인마크 요원이 즐비했기 때문이었다.) (그림 18).

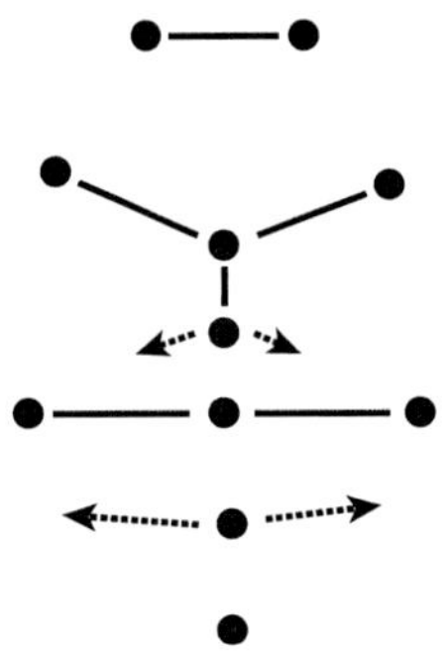

(그림 18) 리베로 시스템(예 : 1-3-1-3-2 System)

- 지역 압박 시스템

리베로 시스템의 전통이 여전히 이탈리아 축구계에 굳건히 자리하고 있던 80년대 후반, AC 밀란의 감독이었던 아리고 사키가 신개념 수비 전술을 도입해 파란을 일으켰다. 그는 기본적으로 전통적인 '리베로 시스템'의 주요 매커니즘을 대부분 받아들이긴 했다. 그러나, 그는 수비→역습이 보다 다이내믹하고 쉴 새 없이 이끌어지는 공격적인 경기를 원했다(즉, 수비→역습이 이끌어지는 비거리를 좁히길 원했다는 것이다.).

이를 위해 사키는 리베로를 수비라인과 동일 선상에 두며 '오프사이드 트랩'을 전술적으로 비중있게 활용했고, 공-수-좌-우 간격을

'30mX30m'로 유지하기 위해 혼신의 노력을 다했다. 무엇보다 팀 구성원들에게 '협동 의식' 팀을 위한 '희생 정신'을 아주 강력히 요구했다. 이렇게 완성된 사키의 AC 밀란은 비록, 높은 점유율을 항시적으로 이끌어내진 못했지만, 항상 적진에서 볼의 흐름을 장악하며 효율적인 전방 수비와 쉴 새 없는 '숏 카운터 어택(짧은 거리 역습)'으로 적진을 초토화시키는 새로운 개념의 '실리 축구'를 선보였다(그림 19).

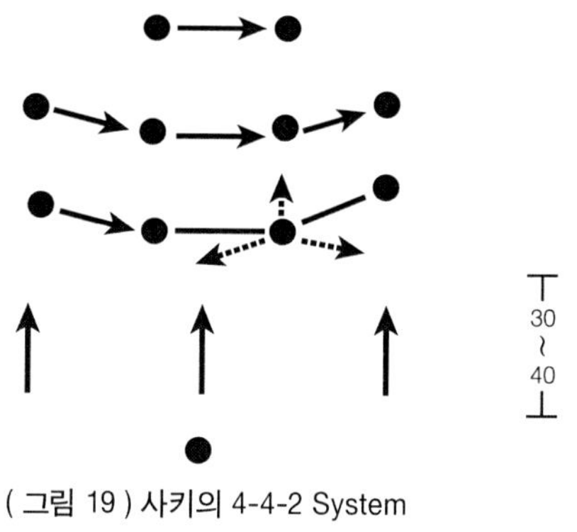

(그림 19) 사키의 4-4-2 System

- 지역 수비 시스템

그러나, 사키의 구상은 수비라인 뒷 공간에 대한 높은 위험성을 안고 있었다. 91년, 사키의 바통을 이어받아 AC 밀란의 사령탑이 된 카펠로는 기본적으로 사키의 전술적 구상을 적극 수용했으나, 수비진 운영의 거점을 당시보다 약 10~15m 가량 후퇴시켜 뒷 선을 보호하는데 주안점을 두었다(참고로 사키의 팀은 수비라인을 대부분의 시간 동안 30~35m선에서 유지시켰다). 자연히 사키의 팀에서 볼 수 있었던 공격 운영에서의 스피드와 다이내믹함의 위력은 카펠로의 팀에선 찾아보기 힘들었다. 하지만, 보다 안정된 수비적 균형을 토대로, 최상위 클래스의 경기 수준은 꾸준히 유지했다(그림 20).

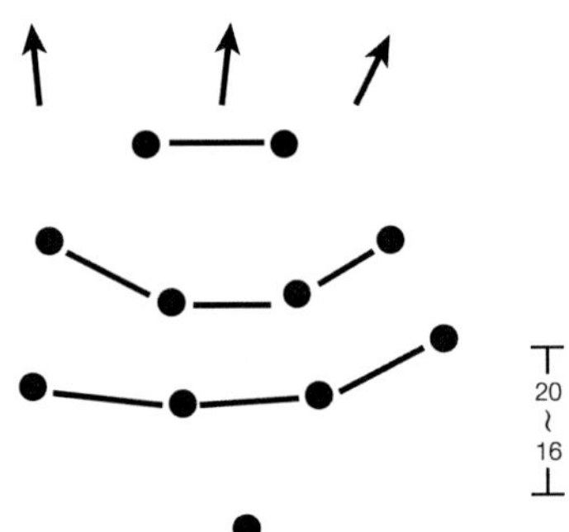

(그림 20) 카펠로의 4-4-2 System

카펠로의 성공 이후, 이탈리아 내부에선 전통적 리베로가 사라지고, '깊은 지역에서의 지역 수비' 즉, 지역방어를 토대로 한 '뒷 선 수비→ 역습' 전술이 유행하기 시작했다. 이후, 공격적 풀 백이 많다는 전통적 특성과, 뒷 선으로 깊게 배치된 안정적 수비진의 영향에 의해, 점차 '윙' 을 배제하는 전술이 세리아 A 무대를 지배하기 시작했다.

대신, 센터라인이 상대적으로 강화되어 '트레콰르티스타(3/4지역에 배치되 는, 즉 공격 전문 미드필더)'와 '레지스타(2/4지역에 배치되는, 즉 수비형 플레이메이커)'가 미드 필드 지역에서 첨예하게 조합을 이루는 전술이 유행하게 되었다.

'슬로우 슬로우 퀵 퀵' 템포를 걸고, 이들을 앞세워 벌이는 각 팀의 두뇌 싸움과 전술 싸움은 90년대 말~2000년대 초에 국제 축구 팬들 에게 많은 볼거리를 제공했다(그림 21).

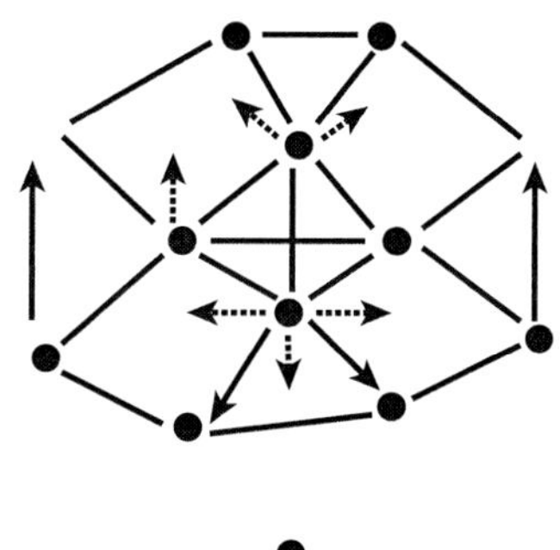

(그림 21) 21세기 세리아 A를 대표했던 4-3-1-2 System

- 전술 정체성 상실, 몰락한 축구 명가

하지만, 최근 세리아 A와 이탈리아 대표팀은 쇠락의 길을 걷고 있다. 강력한 수비와 역습, 템포로 대변되던 이탈리아 축구는 최근, 선수들의 평균 역량이 상대적 하향세를 보이면서, 전반적으로 경기 운영에 대한 명확한 정체성을 드러내지 못하고 있다.

이탈리아 축구 고유의 '맛'은 어느새 사라졌다. '어설픈 공격축구'에 묶인 다수의 클럽들이 챔피언스리그와 유로파리그에서 맥을 못추는게 부인할 수 없는 '현실'이 되어버렸다.

10. 간략히 훑어보는 세계 축구 전술 변천사 (2011. 1. 25)

- 공격축구→수비축구로 가는 역사적 흐름의 대두

1925년, 오프사이드 반칙에 대한 적용 기준이 3번째 수비수에서 2번째 수비수로 개정된 이래, '오프사이드 트랩'이라는 공간 수비 전술이 국제 축구 무대에서 빠르게 사라졌다. 대신, 개별 마크(대인방어)의 필요성이 훨씬 더 강조되어졌다. 이의 영향으로 잉글랜드의 명문 아스날의 하버트 채프먼 감독은 1자 형태에서 인사이드 포워드의 활동 위치에 따라 W자로 자주 전환되는 당시 국제 축구계의 보편화된 공격 운영에 대응한다는 차원에서, 2-3-5의 W자 수비 대형을 중앙 미드필더의 후퇴를 통해 M자로 변화시켰다(1925년). 그러나 전술의 구심점 역할을 했던 중앙 미드필더의 후퇴가 팀 경기 운영에 끼친 부정적 영향도 무시할 순 없었다. 결국, 채프먼은 미드필드진의 균형을 안정시키기 위해 활동적인 인사이드 포워드의 기본 위치를 1선의 후방에 두는 전술을 점차 활용했는데, 이로서 3-2-2-3, 즉 WM의 정형화된 대형이 선보여지게 되었다(1930년). 이 System은 탄생 이후 2-3-5 System을 밀어내고 국제 축구 무대에서 성풍적인 인기를 끌었다. 이는 곧, 공격 보단 공-수의 균형이 강조되는 시대가 열렸다는 것을 의미했다. 1930년부터 1950년까지의 국제 축구 전술 흐름은 WM System을 중심으로 2-3-5 System이 이에 대응하며 생존해가는 구도에서 펼쳐졌다.

이 같은 흐름은 1950년대로 접어들어 헝가리와 브라질에 의해 변화의 기류를 탔다. 이들이 보인 공통점은 미드필더의 역할, 구체적으로 이들의 ‘공-수 조율’ 및 ‘공-수 가담’에 대한 중요성과 필요성에 특히 주목했다는 점이다. 이는 50년대 말, 브라질에서 4-2-4 System으로 귀결되었고, 이의 높은 실용성이 58 스웨덴 월드컵을 통해 입증되면서부터 WM과 2-3-5는 역사의 뒤안길로 빠르게 사라졌다(이전까지는 미드필더가 공격과 수비의 직접적인 보조자란 인식이 강했지만, 4-2-4 System의 등장 이후로 ‘공-수 연결의 주축’ 이란 인식이 강해졌다. 이 시기를 기점으로 최근 축구에서 통용되는 ‘미드필더 개념’ 이 본격적으로 자리한 것이다.). 이후, 4-2-4 System은 다시 4-3-3 System으로 수정되어 60년대 축구계를 지배했다.

- 미드필드 전술의 빠른 발전과 압박축구의 대두

　70년대는 다양한 System들이 공존하던 시기였다. 네덜란드는 1-3-3-3 System에 근거한 토탈사커의 완성된 표본을 이 시기에 비로소 선보이며 국제 축구 흐름에 큰 반향을 일으켰고(토탈사커의 고안은 60년대에 이미 이루어졌었다.), 서독은 공격형 리베로와 역삼각형으로 배치된 3포워드를 둔 1-3-3-1-2 System을 내세우며 전성기를 맞았다. 그리고 유로 72 당시 정상에 등극한 폴란드의 영향을 받아 많은 유럽팀들이 4-4-2 System을 받아들였다. 전술 운영에 대한 사고가 유연해진 탓에 60년대까지의 흐름과 같이 포메이션의 숫자적 배치 형태가 기준을 잡아주기 보단, '독창성'과 '다양성'이 시대를 지배했다. 대체로 안정된 2-3선을 기반으로 1선과 유연한 연계를 꽤할 수 있는 팀이 성공하는 경향을 보였다.

　80년대로 접어들면서부터는 서독과 이탈리아의 영향을 받아 Ribero System이 축구 흐름을 주도했다. 그리고 점차 2스트라이커 체제를 활용하는 팀이 잦아지면서, 중반을 넘어서면서부터 3-5-2 System이 득세하게 되었다. 이를 계기로 중원싸움이 가열되면서 미드필드 전술이 빠르게 발전했고, 이 과정에서 '압박 축구'가 활성화되었다. 90 이탈리아 월드컵은 압박 축구가 절정의 유행을 이뤘던 대회였다.

- 가열된 중원싸움, 압박+선수비 후 역습 전술의 유행

　90 이탈리아 월드컵 당시, 모든 참가팀들이 압박 축구를 중대한 흐름으로 받아들였지만, 실상 이를 지혜롭게 활용한 팀은 없었다. 당시, 90%가 넘는 팀이 활용한 고전적 3-5-2 System의 운영 특성이 압박 축구를 구사하기엔 효율성이 많이 떨어졌기 때문이다. 구체적으로 스토퍼의 유동적인 움직임에 의한 일체감있는 수비라인 구성의 어려움이 리베로의 지속된 후퇴를 야기했고, 이것이 1선 공격-리베로 사이의 거

리를 벌어지게 만들었는데, 결과적으로 이 벌어진 공-수의 틈이 미드
필더들의 생산적인 경기 운영을 힘들게 했다는 것이다. '압박'이 새로
운 시대의 핵심으로 떠오르는 것이 분명한 가운데, 국제 축구계의 강
호들은 월드컵 이후, 당연히 효과적인 압박 전술 구사에 대한 연구에
열을 올렸다. 그 결과로 떠오른 궁극적인 해결책이 오프사이드 트랩과
지역방어였다(이는 80년대 말, 4-4-2 System을 근간으로 한 강한 지역 압박 수비로 유럽 무대에
서 성공한 아리고 사키의 전술 영향이 컸다.). 지역방어는 수비 구성의 흐트러짐을 최
대한 방지할 수 있다는 강점 때문에 수비라인의 전진 형태를 꾸준히
유지하는데 효과를 발휘할 수 있었다. 이는 곧, 공-수 대형이 좁은 폭
을 유지하며 압박의 효과를 높일 수 있다는 것을 의미하는 것이다. 이
의 영향으로 94 미국 월드컵에서는 60%가 넘는 팀들이 4-4-2 System
에 기반한 지역압박 전술을 활용했다.

　　이후, 중원 경쟁이 더욱 치열해지면서 4-5-1 계열 System(4-3-3, 4-2-
3-1, 4-1-4-1 등등)이 성행하게 되었고, 자연히 공격전술에 있어서는 미드필
더들의 2선 침투가 활성화되었다. 이로 인해 전진 수비에 기반한 오프
사이드 트랩 전술의 잦은 활용은 위험해졌다. 2선에서 활동하는 공격
자를 상대로 최종 수비라인이 오프사이드 함정에 대한 타이밍 싸움
을 직접적으로 하기 힘들다는 이유에서다. 이러한 까닭에 수비라인 후
퇴에 기반한 선수비 후 역습 전술과 중원 압박 전술을 적절히 병행하
며 경기 운영의 깊이를 추구하는 팀들이 많아졌다(여기에서 언급한 선수비 후
역습은 곧, '뒷 선 수비 강화에 기반해 중거리-먼거리 역습으로 적진 공략의 비전을 제시한다' 는 운영방
식을 뜻하지만, 소극적인 경기 방식을 의미하는 것은 아니다. 즉, 단순한 수비축구를 말하는게 아니라, 안
정성에 기반해 경기 주도권 기회를 호시탐탐 노리겠다는데 목표를 둔 경기 방식이란 것이다. 따라서 각 라
인과의 간격 유지, '후퇴' 에 발목이 묶이기 보다는 전진하고자 하는 의지와 비전의 제시 등등이 20세기
말~21세기의 '선수비 후 역습' 전략 운영에선 매우 중요하다.). 이 흐름은 지금까지 이어

져오고 있으며, 최소한 가까운 미래까지도 국제 축구계에 큰 영향력을 행사할 것으로 보인다.

11. '치욕적인 전패 탈락' 사우디 축구의 미래는? (2011. 1. 18)

- 카타르 아시안컵 2011 당시, 당초 우승후보로 지목되던 사우디 아라비아는 예상과는 달리 '전패'로 예선탈락하는 수모를 당했다. 단순한 '이변'이라 칭하기엔 경기력 자체에서 '한계성'이 크게 드러났다. 특히, 일본전 0 - 5 패배는 추락하는 사우디 축구의 현실을 적극적으로 대변한 것이라해도 과언이 아니다. 그렇다면, 사우디 축구가 이 대회에서 몰락의 조짐을 보인 까닭은 무엇일까? 그리고, 앞으로 그들은 어떤 운명에 처하게 될까? 이 글은 당시, 나에게 스스로가 제시한 이 두 가지 물음에 대답하기 위해 쓴 글이다. -

'기지 넘치는 창조적인 공격 축구' 이는 아시아의 맹주 사우디 아라비아의 축구를 상징하는 말이었다. 개인기의 응집이 힘을 발휘할 경우, 걷잡을 수 없이 강해지는 그들의 축구는 상당히 매력적이었다. 하지만, 개인기에 대한 의존도가 높은 나머지, 전술과 팀 조직력에 있어 완강한 모습을 보여주지 못한 사우디 축구는 아시아권을 떠나 국제무대로 나서게 되면 나약한 모습을 자주 드러냈다. 이러한 까닭에 90년대 후반부터 사우디 축구계는 유명 해외 지도자들을 영입하여 국제 수준에 걸맞는 대표팀 전력을 꾸리기 위해 노력해왔다. 그러나, 그들은 '인내심'이 없었다. 조금이라도 성적이 부진하면 가차없이 내쳐버렸다. 그러다보니 매번 팀 정체성이 명확히 자리잡지 못했다. 저조한 성적을 책

잡아 지도자를 거침없이 내친 후, 다시 자신들 고유의 스타일로 급히 회귀하는 방식으로 팀을 운영해 왔으니 이는 당연한 일이다.

최근 들어서도 이 같은 행보는 거듭되어왔다. 2009년 2월 출범한 호세 페세이루 감독 체제의 팀이 2010 남아공 월드컵 본선에 오르지 못한데 이어 이번 아시안컵에서 '약체' 시리아에 패하는 치욕을 당하자, 분에 이기지 못한 사우디 축구계는 그를 '즉시' 경질해버렸다.

물론, 페세이루 감독 체제하의 사우디 대표팀이 기대만큼 성과를 올리지 못한 것은 사실이다. 특히, 전방 공격진에 다수의 훌륭한 선수들이 포진해 있음에도 불구하고, 오히려 과거보다 훨씬 약화된 공격력에 쩔쩔맸다는 사실은 사우디 축구계가 납득하기 힘든 부분이었을 수도 있다. 그렇다고해서 중원 경기력과 수비 조직력이 이를 뚜렷하게 커버한 것도 아니었다. 하지만, 분명한 것은 해외진출자가 단 한 명도 없는 관계로 국제 축구 흐름으로부터 '닫혀있는' 사우디 축구를 홀로 개선시키는데 있어, 그에게 주어진 1년 10개월 남짓한 시간은 그리 충분하지 않았다는 것이다. 더구나 부임 초기부터 어마어마한 수준의 사퇴 압력을 받는 가운데, 그가 원만한 분위기에서 팀을 꾸릴 여유조차 없었다.

그리고 이러한 문제를 떠나서도 큰 대회가 한창 진행 중인 와중에 전혀 거리낌없이 감독을 해고한 것은 지나치게 경솔했다고 말하지 않을 수 없다. 하루 아침에 좋지 못했던 경기력이 되살아날리 없으며, 또한 이것이 선수단 분위기를 침체시킬 수 있는 부정적 요인이 될 가능성도 배제할 수 없기 때문이다. 물론, 사우디 대표팀 내에서 잔뼈가 굵은 알 조하르 감독 대행이 급격히 침체되는 선수단 분위기를 어느 정도 수습해 나갈 능력이 있다는 건 사실이다. 하지만, 그 점을 고려한다 하더라도 심사숙고하지 못한 사우디 축구계의 이번 결정은 충분히 비판받아 마땅하다.

어쨌든, 감독 대행으로 사령탑에 오른 알 조하르는 4-2-3-1 System을 주로 활용하던 페세이루의 전술 대신, 2스트라이커를 활용하는 공격적인 4-4-2 System을 내세워 요르단전과 일본전을 치렀다. 이는 곧, 국제 축구의 주류를 쫓아가다가 실패한 감독의 후임이 결국엔 사우디적 색깔로 회귀하는 그들만의 '공식 패턴'을 여느 때와 마찬가지로 반복한 것이라고 볼 수 있다. 때때로 과거엔 이 같은 패턴이 그들에게 일시적인 회복을 안겨다주기도 했지만, 이번에는 아니었다. 그들은 의욕적으로 공격축구를 펼쳤으나, 요르단에게 0 - 1, 일본에 0 - 5의 패배를 당하며 결국 전패로 예선 탈락을 확정짓고 말았다.

이 두 경기가 그들에게 시사하는 바는 결코 적지 않다. '개인기'에 의존하는 사우디적 스타일의 경기 운영이 단단한 조직력을 구축한 요르단과 일본에 전혀 통하지 않았다는 것이다. 그들은 요르단과 일본이 펼친 조직적인 압박축구에 막혀 미드필드 볼 점유율을 좀처럼 이끌어오지 못했고, 밀고 들어오는 상대의 공격에 맞서 버틸 수 있는 수비의 힘과 정신력도 딱히 보여주지 못하며 무기력한 모습으로 일관했다.

물론, 사우디도 자신들의 부진한 경기력에 대해 변명할 수 있는 여지가 없는 것은 아니다. 걸프컵이 끝난지 약 한달 밖에 지나지 않은 시점에 아시안컵이 치러졌다는 점이 그것이다. 즉, 한 달 전에 끝난 걸프컵의 여파로 선수들의 피로가 쌓인 탓에, 아시안컵을 위한 정신적,체력적 무장을 명확히하기 힘들었다는 말이다. 걸프컵은 중동 국가들에겐 자존심이 걸린 대회인 만큼, 이 대회에서 결승전까지 치른 사우디 선수들이 아시안컵까지 짧은 시간 동안 정신적,체력적 피로 회복에 힘겨워했음은 틀림없어 보인다.

그리고 '아시아 최고 수준의 공격수' 마렉 마즈가 이번 대회에 참가했더라면 경기 내용은 판이하게 달라졌을지도 모른다. 빠르고 개인기가 남다른 마렉 마즈는 '사우디적 공격축구 스타일'을 구현해낼 수 있는 '확실한 카드'다. 야세르 알 카타니의 부진으로 인해 나이프 하자지가 전방에서 수시로 고립됨에 따라 전반적으로 정적인 공격을 운영할 수 밖에 없었던 이번 사우디 대표팀에 마렉 마즈의 존재는 엄청난 플러스 효과를 안겨다 주었을지도 모른다.

그러나 분명한 것은 현재의 사우디 모습은 경기력 수준의 높고 낮음과는 무관하게 90년대에 보여준 모습과 근본적으로 전혀 달라진게 없다는 것이다. '조직력'이라는 단어는 아직까지도 그들에겐 너무나 낯설며, 이러한 까닭에 개인전술로 어떻게든 활로를 개척해 나가려고 안간힘을 쓰는 모습도 과거의 것 그대로다. 중요한 건 '개인전술 중심'의 경기 운영이 통할 수 있을 만큼 더 이상 아시아 무대가 호락호락하지만은 않다는 것이다. 이미 몇몇 아시아권 팀들은 국제 수준급의 조직력을 보이고 있고, 그 외 떠오르는 대다수의 신흥 강자들 역시 국제 축구와의 교류를 중요시여기며 '느리지만 확실하게' 발전해 나가고 있기 때문이다. 따라서 사우디 축구가 향후에도 정체된 모습을 지속해서 보인다면, 어느 시점엔 다른 아시아 정상팀들과의 전력적인 간극이 크게 벌어지고 말 것임엔 틀림없다.

사우디 선수들이 가진 잠재력이 뛰어나다는 것은 결코 부인할 수 없다. 개인기 수준이 높고 신체적으로도 탁월하다. 하지만, 사우디 축구가 그 높은 잠재력을 확실히 이끌어내기 위해서는 '자기안의 축구'에서 벗어나야 한다. 이를 위해선 국제 축구와의 교류를 끊임없이 이끌어내는게 중요하다. 가장 확실한 방법은 자국 선수들을 해외로 진출시켜 경험을 쌓게 하는 것이다. 그런데, 자국 명문 클럽들의 아시아권 성적을 '특히' 중요시여기는데다가 각 클럽들이 오일달러의 영향까지 받는 사우디 축구계에서 이는 현실성이 떨어진다. 그러므로 '오일달러'로 해외의 유능한 지도자들을 영입해 자체적으로 전력 강화에 힘을 다하는 것이 현재 그들의 입장에선 최상의 방법이라고 볼 수 있다. 여기에서 중요한건 이것이 제도적인 측면에서 이뤄져야 한다는 것이다. 유소년 축구에서부터 시작해 프로팀-국가대표팀에 이르기까지 국제 축구의 흐름과 끊임없이 교류할 수 있는 여건을 크게 조성시켜 자국 선수들의 경쟁력을 '우선' 높이려고 노력하는 것이 가장 중요하다. 그리고 축구협회는 자신들이 내정한 감독에 대해 '믿음'을 갖고 기다릴 수 있는 인내심을 보여야 한다. 단기간에 괄목할만한 성과를 내는 '마법사'는 세계 그 어디에도 존재하지 않기 때문이다. '최소 2년이 필요하다'는 호세 무리뉴의 말처럼, 지도자에겐 팀을 만들어갈 수 있는 '시간'이 주어져야 한다. 특히, 국제 축구계와의 교류가 단절되어 자기색이 뚜렷한 사우디 선수들을 지도해야 하는 감독이라면 '더욱' 그러하다.

현 시점에서 사우디 축구의 몰락을 단정짓는 것은 시기상조라고 본다. 하지만, 몰락의 조짐이 보이는 것은 분명하다. 냉정한 시각에서 단계적인 전력 강화 시스템을 착실하게 구축해 나가려는 노력이 지금부터라도 뚜렷하게 행해지지 않는다면, 이 같은 조짐은 머지않은 미래에 '본격' 가시화될 것이다. 그들은 아시안컵 2011에서 당한 '치욕'을 자국 축구계 내부 개선에 대한 전화위복의 기회로 삼을 필요가 있다.

12. '월드컵 역사상 가장 화려했던 팀'

70 멕시코 월드컵 당시 브라질 대표팀 전술의 주요점 (2010. 12. 22)

흔히 많은 사람들이 70 멕시코 월드컵 당시 챔피언에 등극한 브라질 대표팀을 월드컵 역사상 최고의 팀으로 손꼽지만, 실상, 그들이 막강한 화력을 자랑하며 정상에 오를 수 있었던 전술적 요인에 대해 소상히 알고 있는 축구팬들은 드물다. 우연한 기회에 70 멕시코 월드컵 결승전을 다시 보면서 필자는 당시 브라질 대표팀의 전술에 대한 내용을 이번 칼럼에서 상세히 짚어보기로 마음먹었다.

당시의 팀을 정확히 이해하기 위해선 5-60년대 브라질 축구 전술 변화의 역사를 짧게나마 먼저 살펴야 할 필요가 있다. 58 스웨덴 월드컵에서 브라질은 4-2-4 System을 앞세워 정상에 올랐다. 공-수 상황에서 각각 6명을 앞세울 수 있는 4-2-4의 운영적 특성은 공-수 상황에서 각각 5명을 앞세우는 WM이 유행했던 당시로선 '혁명적' 가치를 지녔었다. 62 칠레 월드컵에서는 4-2-4에서 다소간 변화를 준 4-3-3 System을 앞세워 정상의 자리를 지켜냈다. 자신들에 의해 유행의 기류를 탄 4-2-4 System을 대부분의 팀이 활용하던 시대에, 브라질은 4-3-3 System이 나타낼 수 있는 중원의 힘을 앞세우며 지난 대회 때보다 더욱 성숙한 경기 운영 능력을 선보였다. 그러나 4-3-3이 주류로 떠오른 66 잉글랜드 월드컵에서 지난 대회 때와 같은 전략으로 나선 브라질은 한계를 보였다. 중원싸움이 치열해진 탓에 뒷 선 플레이어들의 1선 공격 지원 빈도 하락이 불가피해짐에 따라 상대 4백에 의한 3포워드의 고립 사태가 빈번히 발생한 것이 원인이었다. 이는 개인전술 중심의 브라질 공격 운영에 있어선 크나큰 '악재'가 아닐 수 없었다. 브라질은 끝내 이 문제에 대한 해결책을 찾지 못했고, 결국 예선탈락의 고배를 마셨다. 이후, 브라질 축구계에선 전통적 공격 스타일의 한계를 절감하며 현실주의를 표방해야 한다는 목소리가 커졌는데, 이를 계기로 전통주의-현실주의 간의 갈등과 대립이 '본격' 심화되었다. 70 멕시코 월드컵은 이러한 분위기 속에서 그들이 첫 번째로 맞았던 대회였다.

전통주의냐? 현실주의냐?를 두고 기로에 선 자갈루 체제의 브라질 대표팀은 70 멕시코 월드컵을 위한 팀 조직 구성의 모토 설정에 있어 주저없이 전통주의를 택했다. 펠레, 토스탕, 리벨리누 등등 역대 최강이라 평가되는 선수진을 구성할 수 있었던 까닭이다. 또한 자갈루는 '이전의 전술 방식에 그대로 의존할 경우, 66 잉글랜드 월드컵에서 겪었던 전술 문제를 똑같이 재현할 가능성이 높다'는 점을 깊이 인지하며 적정 수준 변화의 필요성을 강조했다. 이의 일환으로 그는 4-3-3에 기초한 기존의 System 운영 방식에 기초하되, 공격력 강화를 위해 '우측 풀 백' 카를로스 알베르토의 공격력을 아주 비중있게 활용했다. 구체적으로 카를로스 알베르토는 우측 라인을 앞-뒤로 크게 넘나들며 우측면 공-수의 중심적인 역할을 했다(참고로 그간 브라질에선 좌측 풀 백이 '공격 옵션 및 측면 공격 보조자' 로서 팀 공격에 기여한 사례가 잦았고, 이를 받치기 위해 우측 풀 백은 수비적 역할에 치중했던 것이 일반적이었다. 반면, 당시의 팀에선 '공격옵션 및 측면 공격 보조자' 인 좌측 풀 백과 '한쪽 측면의 공격루트' 가 되는 우측면 풀 백을 둔 파격적인 포진으로 공격력 강화를 도모했다.).

알베르토의 존재로 인한 공격 인원의 숫자적인 충원이 팀 공격의 운영에 끼친 영향은 크게 두 가지가 있다. 하나는 3포워드가 상대 4백에 의해 정체되는 현상을 완벽히 방지했다는 것이다. 구체적으로 알아보자. 카를로스 알베르토는 우측 라인에서 공-수에 모두 관여하기 위해 미드필드 진영과 거의 인접한 지점을 기준으로 위치 선택을 했다. 이로서 브라질은 공격시, 최소 4명의 1선 공격 인원을 앞세우며 적진을 공략할 수 있었다. 좌-우의 리벨리누-카를로스 알베르토 중 어느 1명이 1선 깊은 지역까지 올라가더라도, 최소 3명의 미드필더 자원이 뒷 선에 남아 상대와의 중원 경쟁에서 경쟁력을 행사할 수 있었기 때문이다. 브라질은 리벨리누가 전진하면 알베르토가 후위에 남고, 알베르토가 전진하면 리벨리누가 후위에 남는 방식으로 좌-우 공격요원들을 활용, 항상 '4명 이상의 전방 공격수'를 기준으로 적진을 공략하려 했다(파상공세의 분위기를 이끌어냈을 시에는 종종 2명 모두 1선까지 올라가 경기를 치렀다.). 이로서 브라질은 전방 공격 운영에 있어 상대 수비자와의 대치 구도를 최소 4대 4로 두고 경기를 치르며 특정 인원의 고립 가능성을 유연히 차단했다. 그리고 브라질은 이 뛰어난 측면 공격 요원들의 능력을 최대한 이끌어냄과 동시에, 공격 패턴 및 템포의 변화를 적절히 주어 공격 운영에 있어서의 다양한 가능성들을 창조해 나간다는 측면에서, 좌-우로의 깊은 전환을 비교적 자주 시도했다(좌-우 전환을 정확한 패스로 주도해 준 것은 '천재 플레이메이커' 이자 '롱 패스의 달인' 으로 불리운 중앙 미드필더 게르손이었다.). 이는 연쇄적으로 상대 수비의 좌-우 분산을 유도해 중앙 공격수들의 활동 빈도를 높이는 전술 효과 또한 낳았다.

다른 하나는 카를로스 알베르토가 우측 공격 균형을 지탱해 줌에 따라 득점력이 뛰어난 우측 윙 포워드 자일징요가 중앙 공격에 보다 힘을 집중시킬 수 있었다는 것이다. 이는 이전의 브라질 대표팀이 겪었던 중앙 공격 운영에서의 문제를 말끔히 해소하는데 있어 중대 요인으로 작용했다. 지금껏 브라질의 중앙 공격은 펠레가 활로를 개척하고, 다른 1명의 공격 플레이어가 상황을 마무리하는 형태로 운영되어진 예가 많았다. 때문에 펠레가 고립되는 상황에선 공격 전체가 마비되거나, 혹은 주변 공격자들의 개인기에 의존되는 경향을 보였다. 하지만, 알베르토의 영향을 받아 득점력이 있는 자일징요를 중앙 지역에서 요긴하게 활용할 수 있는 여건에선 이를 극복할 수 있는 여러 가지 경우의 수를 생각할 수 있었다. 자갈루는 이것의 일환으로 펠레-토스탕의 공존 카드를 내놓았다. 단순한 시각에선 성향이 비슷한 두 선수를 같은 포지션에 기용한다는 것은 있을 수 없는 일이다. 하지만, 자갈루의 노림수는 일반적 시각을 뛰어넘고 있었다. 그는 기본적으로 펠레 중심으로 돌아가는 고전적인 브라질 공격 운영 방식을 추구하되, 시간과 장소를 가리지 않고 상대 수비의 집중적인 견재에 시달리게 되는 펠레가 고립되는 사태가 발생할 시, 토스탕이 펠레의 역할을 대신해 주길 기대했다. 이로서 펠레의 고립시에도 전반적인 전방 공격 운영이 정체되는 사태가 딱히 일어나진 않았다(토스탕이 적절히 적진의 밀집 수비를 분산시켜주면서 펠레가 자신의 기량을 펼쳐 보일 수 있는 기회도 이전에 비해 그만큼 자주 열렸다.). 정리하자면, 펠레가 '공격의 중추이자, 상대 수비를 한 곳으로 집중시키는 일종의 미끼', 토스탕이 '공격 중추의 보조자이자, 공격 운영의 실질적인 결정권자', 자일징요가 '주득점원'으로서의 역할을 해주며 상황 대처의 유연성 및 공격 운영에 있어서의 유기성을 추구할 수 있었다는 것이다.

이처럼, 당시 브라질은 '우측면의 지배자' 카를로스 알베르토를 통해 다양하고 깊이있는 공격 전술 운영을 선보일 수 있었다. 이는 특히, 어느 때 보다도 강력했던 팀 구성원들의 개인 능력에 의해 더욱 탄력적으로 행해질 수 있었다. 선수들의 우수한 개인 역량, 꼼꼼한 전술적 준비, 4년 전의 불명예를 씻겠다는 코칭스테프와 선수단의 굳은 의지 등등이 복합적으로 얽힌 당시의 브라질은 매 경기 상대와의 압도적인 경기력 차를 만들어내며 6전 전승 19득점 7실점이라는 완벽한 기록으로 정상에 올랐다(여기서 잠깐, 브라질이 이처럼 다수의 공격 인원을 앞세워 매끄러운 공격 전술 운영을 펼쳐 보일 수 있었던데에는 수비라인에서 상대적으로 드러날 수 있는 위험성을 꼼꼼하게 메우며 팀의 살림꾼 역할을 충실히 행한 중앙 미드필더 클로드아우두의 묵묵한 활약이 바탕이 되었다는 사실을 결코 간과해선 안된다.) (그림 22).

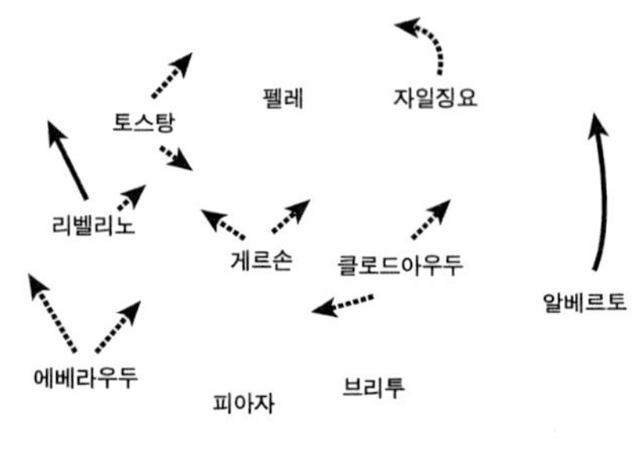

(그림 22) 70 멕시코 월드컵 당시 브라질 대표팀 전형

13. '세리아 A의 절대 강자' 인터밀란의 부진, 원인은?

(2010. 11. 24)

10-11 시즌. '세리아의 절대 강자' 인터밀란이 흔들리고 있다. 올 시즌 베니테즈 체제로 갈아탄 인터밀란은 세리아 A 13라운드가 진행되고 있는 현재, 5승 5무 3패로 6위에 랭크되어 있다. 선두 AC밀란과는 무려 9점차. 항상 인터밀란이 선두로 질주하고 AS로마, 유벤투스, AC밀란 등이 추격하던 구도의 과거와는 확연히 다른 양상이다. 물론, 매 시즌 같은 양상으로 가리란 법은 없다. 그리고, 리그 4연패에 빛나는 인터밀란의 저력 또한 결코 무시할 순 없다. 그러나, 현재 그들이 '매우' 심각한 상태에 있다는 것은 분명한 사실이다.

그렇다면 무엇이 문제일까?

문제는 역시 경기력 저하에서 찾아볼 수 있는데, 이의 원인은 급작스러운 전술 틀 변화에 대한 선수들의 적응 실패에 있다고 보아진다. 즉, 베니테즈 감독은 수비라인을 적정 수준 높은 지점에서 컨트롤하며 전방 압박과 높은 볼 점유율을 토대로 적진을 지배해 나가는 경기 스타일을 인터밀란 선수들에게 주문하고 있지만, 인터밀란은 최근 몇 년 동안 '선수비 후역습' 구도를 기반으로 실용주의적인 색채를 뚜렷하게 내온 팀이기 때문에, 베니테즈의 이상을 짧은 시간 내에 제대로 수용해내지 못하고 있다는 것이다(그림 23).

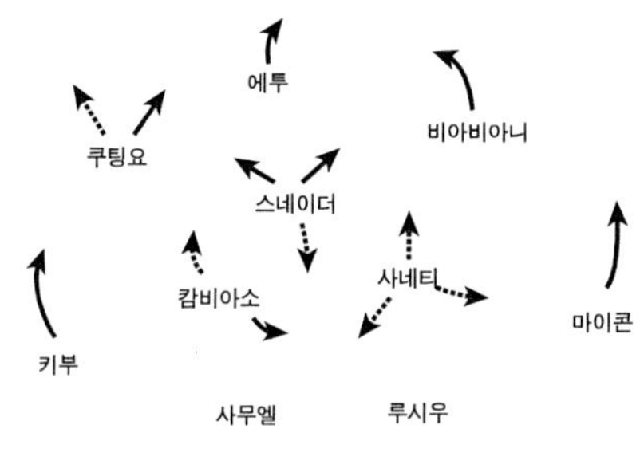

(그림 23) 10-11 시즌, 베니테즈 체제 하의 인터밀란 전형

구체적으로 상반된 두 타입이 어떤 부분에서 문제를 일으키고 있는 것인지 알아보자. 우선, '주축 센터백' 루시우-사무엘의 성향이 베니테즈의 요구조건을 뚜렷하게 받아들이지 못하고 있다. 수비수의 성향은 크게 두 가지로 나눠 볼 수 있다. 기술과 전술적 능력을 앞세워 전진수비에 힘을 발휘하는 수비수, 그리고 피지컬 능력과 대인방어 능력을 앞세워 뒷 선에서 버텨나가는 힘이 강한 수비수다(물론, 현대 축구의 수비수들은 위의 두 가지 요소를 모두 갖출 필요가 있다. 하지만, 두 가지 요소를 완벽히 받아들이는 선수는 드물다. 보통 거의 모든 선수들이 한 가지 특화된 강점을 기준으로 다른 요소들을 적절히 받아들여 자신의 스타일을 다듬는 것이 일반적이다.). 베니테즈가 원하는 수비수는 전자의 성향을 가진 선수다. 하지만, 루시우-사무엘은 모두 후자의 성향에 특화된 선수들이다. 특히, 사무엘은 뒷 공간이 넓은 상태에서 치르는 수비에 대한 좋지 못한 기억이 많은 선수다. 때문에 이들이 주축이 된 '높게 형

성된 수비라인의 컨트롤'은 엉성하고 소극적이다. 물론, 이 문제는 경기를 거듭할수록 적정 수준 개선되어져 나갈 것이 분명하다. 그러나, 기본적으로 자신들이 가장 잘 할 수 있는 위치와 역할에 근거할 수 없다는 점에서 루시우-사무엘의 '명콤비'가 현재는 물론, 향후로도 작년과 같은 빗장수비를 재현해 낼 가능성이 특별히 있어보이진 않는다.

공격 운영에 있어서도 두 가지의 문제점이 눈에 보인다. 하나는 미드필드 아래 지역에서의 공격 구성이 잘 이루어지지 않고 있다는 것이다. 인터밀란의 미드필더들은 전반적으로 속도전엔 능하지만, 베니테즈가 요구하는 '볼 점유' '정교한 공격 구성' '템포 게임'에 장기를 발휘하는 타입은 아니다. 이러한 까닭에 현재 인터밀란의 공격은 후방지역에서 전방으로 넘어가는 공격 작업이 더디고 매끄럽지 못하다. 에투가 고군분투하고 있지만, 전방 공격진 전체의 부진이 심각한 것은 위의 이유가 크게 작용하고 있다.

다른 하나는 '우측면의 지배자'이자 '인터밀란 공격의 핵' 마이콘의 부진이다. 체력 문제로 인한 잦은 부상 및 컨디션 저하도 한 몫을 담당하고 있지만, 이와 더불어 베니테즈의 전술 변화 또한 크나큰 이유 중 하나로 보인다. 작년까지 인터밀란 공격 전술은 '마이콘 시프트'에 초점을 두었다. 4백이 운영되는 기준점을 비교적 아래로 두면서 뒷 공간을 최대한 잠그고, 3명의 수비적인 미드필더가 적극적으로 수비라인 커버 플레이를 해줌에 따라 마이콘은 수비에 대한 짐을 최대한 덜며 공격 작업에 많은 힘을 쏟을 수 있었다. 하지만 올 시즌은 다르다. 수비라인이 기본적으로 위쪽에서 진을 치는데다 미드필더들의 방어적 성향이 전방 지향적으로 바뀜에 따라 전술적으로 수비라인의 '뒷 공간 보호'가 중요한 의미로 부각되어졌다. 더구나 현재 인터밀란의 수비진은 전술 틀 변화에 있어 뚜렷하게 적응해 나가는 모습을 보이지 못하고 있다. 이러한 까닭에 그간 '인터밀란 공격의 핵'으로 역할을 해왔던 마이콘 역시 이제는 팀 수비 조직 구성에 '상당부분' 몰두함을 근거로 경기를 하지 않으면 안된다. 즉, '급격한 역할 변화' 및 '자신의 강점을 최대화하기 힘든 여건'이 마이콘의 정체성을 흔들고 있다는 이야기다. 이것이 신체적 컨디션 저하 문제와 복합적으로 얽혀 현재 마이콘에게 심각한 데미지를 안기고 있는 것으로 보아진다.

사전 공격 작업의 미비함에 마이콘의 부진까지 곁들여지면서 인터밀란의 전방 공격 운영은 완전히 정체되어버렸다. 공격수들의 개인 역량에 많은 것을 의존할 수 밖에 없는 실정에서 측면 공격수들의 활약도는 지난 시즌에 비해 터무니없이 빈약해졌다. 그나마 컨디션이 좋은 중앙 공격수 에투마저 부진에 빠질 경우, 인터밀란은 현재의 순위를 유지하는 것 조차도 힘들 것으로 보인다(참고로 현재 인터밀란은 리그 13경기 동안 14득점을 기록 중인데, 이 중 9득점이 에투의 발끝에서 마무리되었다. 한 선수에게 지나치게 의존되는 공격 운영으로 향후 얼마나 더 버텨나갈 수 있을지 의문이다.).

이처럼, 인터밀란은 전혀 자신들에게 어울리지 않는 옷을 입고 공-수 운영 모두가 어색한 형국에서 매 경기를 어렵게 어렵게 치르고 있다. 이 상태로 가다간 주축 선수들의 급격한 컨디션 하락, 팀 분위기 와해 등등이 우려된다.

베니테즈는 분명, 좋은 감독이다. 하지만, 베니테즈가 가장 잘 쓸 수 있는 전략적 색채와 인터밀란 선수들이 가장 잘 드러낼 수 있는 경기 스타일이 적절히 부합하느냐? 그렇지 않느냐?에 대해 인터밀란은 현 시점에서 반드시 심각하게 따져봐야 한다. 베니테즈 감독의 융통성이 최대로 발휘되지 않는 이상, 인터밀란과 베니테즈의 만남은 '비극적 결말'을 낳을 가능성이 현재로선 '분명' 커보인다.

- 결국, 크리스마스를 앞둔 2010년 12월 23일 베니테즈 감독이 물러나고, 'AC밀란 레전드' 출신의 레오나르도가 새로운 감독으로 부임했다. 레오나르도 체제의 팀은 빠르게 회복세를 보이며 후반기 대반격을 노렸지만, 끝내 AC밀란의 높은 벽을 넘지 못하고 2위에 머무르고 말았다. -

14. 머지않아 가동될 'AC 밀란의 판타스틱 4' 성공할까?

(2010. 11. 10)

- 10-11 시즌을 앞두고 유럽 축구계에 대두된 화두 중 가장 '으뜸'은 호나우딩요-호빙요-파투-즐라탄 이브라히모비치로 구성된 AC밀란의 공격진이었다. 이들이 어떻게 조화를 이뤄 그라운드 내에서 환상적인 공격력을 뽐낼 수 있을 것인지는 전 세계 축구 팬들이 시즌 동안 가장 기대했던 사항이었다. 그러나, 정작 이 4명이 제대로 동시 가동된 경기는 손에 꼽을 정도로 없었다. 부상병동, 알레그리 감독의 로테이션적 선수 기용이 표면적 이유였지만, 그 보다 더 근본적으로 '전술적인' 원인이 깔려있었다. 당시 이 칼럼에선 이 부분을 상세히 짚어보았다. -

파투에 대한 의존도가 심했던 지난 시즌까지의 AC 밀란이 아니다. 기복이 있지만, 체중 감량으로 올 시즌 제 기량을 어느 정도 찾아가고 있는 호나우딩요에다 세계 정상급 공격수인 호빙요와 즐라탄 이브라히모비치까지 더해졌다. 공격 진용의 '네임벨류'만 놓고 본다면, 유럽 무대 전역을 통틀어서도 '최강'이라 할만하다. 하지만, AC밀란이 가공할 위력의 공격수 4명을 중심으로 팀을 완성시키는 것은 그리 쉽지 않을 것으로 보인다. 물론, 아직까지는 호빙요의 세리아 A무대 적응 문제, 공격수들의 잦은 부상 문제, 4-3-1-2 System을 선호하는 막시밀리아노 알레그리 감독의 성향 등으로 인해 '슈퍼 공격수 4인방'이 동시 출격한 사례가 거의 없기 때문에 이들의 경기력을 논하는 건 시기상조일수도 있다. 하지만, 필연-필요에 의해 멀지 않은 미래에 알레그리 감독이 시도하게 될 '슈퍼 공격수 4인방'의 공존이 안고 있는 잠재된 불안요소들이, 모두가 희망하는 '이상'의 그늘 아래 너무 크게 도사리고 있다. 하나하나 구체적으로 따져보자.

- 공격4인방의 공존여부 불투명

기본적으로 좌측→중앙 돌파를 즐기는 호빙요와 호나우딩요의 활동 동선이 겹치기 때문에 '모두를 최대로 살릴 수 있는' 완벽한 조합은 쉽지 않다. 물론, 호나우딩요를 2선 전방의 중앙에서 고정적으로 활동하도록 한다면, 호나우딩요를 중심으로 호빙요-즐라탄-파투가 좌-중-우의 공격을 담당하는 무난한 조합이 가능하다. 하지만, 수비형 미드필더와 공격진 사이에서 중요한 역할을 맡게 되는 호나우딩요가 결정적으로 경기력의 '기복'을 보인다는 점은 이러한 배치에 있어 상당한 불안요소가 될 수 있다. 호나우딩요가 제 역할을 못하게 되면 배치적 특성상, 호나우딩요의 영향을 받을 수 밖에 없는 나머지 공격 3인방의 플레이도 조화되지 못하고 틀어질 위험이 커진다는 이야기다.

- '계륵'이 될 수 있는 피를로의 존재

만약, AC 밀란이 공격 4인방의 자체적인 공존을 가능하게 만들었다 해도 또 하나의 전술적인 문제와 필연적으로 부딪히게 된다. '공격 4인방+피를로'의 공존 가능여부가 그것이다. 이들 공격 4인방은 수비 전환시, 전방에서 공간 체킹에 힘을 보탤 수는 있으되, 어느 한명도 미드필드 후방 지점까지 부지런히 내려와 균형을 맞춰줄 수 있는 타입은 아니다. 때문에 AC밀란의 중앙 미드필더들은 공-수 균형 유지를 위해 왕성한 활동력과 풍부한 수비 능력을 요구받는다. 그런데, 현재 'AC밀란 전술의 구심점' 피를로는 위의 스타일과는 거리가 있다. 때문에 다른 한 명의 중앙 미드필더에게 활동과 수비 커버에 대한 너무 많은 부담이 쏠릴 위험이 있다.

물론, 팀 세대교체의 일환으로 피를로를 과감히 희생시키고, 플라미니, 보아텡과 같은 젊은 자원들을 적극 활용하는 방안이 있긴 하다. 하지만, 현재 AC밀란의 처지에서 피를로를 희생시키는 처사는 오히려 팀 경기력에 악영향을 몰고 올 가능성이 있다. 시도르프와 가투소, 암브로시니의 노쇠화가 빠르게 진행되고 있고, 플라미니와 보아텡은 아직 확실한 주전으로서의 모습을 보여주진 못하고 있는 와중에 '전술 구심점'을 배척하는 것은 '극단적 모험'이 될 가능성이 있다는 것이다.

- 풀 백의 과감한 공격실행의 어려움으로 인한 3선의 유기성 결여 가능성

이처럼, 피를로와 공격 4인방을 공존시키자니 양측의 성향이 서로 '상극'을 이루고, 피를로를 희생시키고 공격 4인방의 입맛에 맞는 중앙 미드필드 진영을 구성하자니 구심점이 되어줄 수 있는 확실한 여건의 플레이어가 존재하지 않는다. 만약, 이런 상황에서 공격 4인방의 공존이 무리하게 이루어질 경우, 또 한 가지의 위험요소와 부딪힐 가능성이 높다. 공격 4인방의 공격성향과 불완전한 중앙 미드필드진을 받치기 위해 풀 백의 공격 가담이 과감해지지 못하는 결과를 초래할 수 있다는 것이다. 이렇게 되면 결국 공격과 수비가 분리된 상태에서 유기성이 결여된 경기 운영이 나올 수 밖에 없다. 이 와중에 치러지는 공격적인 경기 운영은 자칫, 상대에게 '역습'의 빌미를 제공하는 사태를 초래할 위험이 있다. 특히, 세리아 A의 팀들이 '수비 후 역습'에 일가견이 있고, 또한 최하위권 팀이 아닌 이상, 어느 하나 만만한 전력의 팀이 없다는 점을 감안한다면, '슈퍼 공격수 4인방'의 어설픈 공존은 오히려 위험한 결과를 초래할 가능성이 높다.

- 그렇다면, 이상적인 전술 운영은?

AC 밀란이 좋은 경기 모습을 보이기 위해선 현재의 틀을 유지하는 것이 좋다고 본다. 즉, 공격수는 3명만 활용하고, 피를로를 포함한 중원 플레이어 3명을 두어 공-수의 유기적인 균형을 추구하는 전술 운영에 기반하면서, 벤치로 밀린 공격수 1명을 '슈퍼서브'로 활용하는 것이 이상적이란 말이다(물론, 중앙지향적인 공격수들의 성향을 뒷받침 할 수 있는 '단단한 공-수 장악력' 을 겸비한 풀 백 영입은 현재 이 글에서 언급하고 있는 주 된 사항과 관계없이 반드시 필요해 보인다. 현재 AC 밀란의 경기를 보면, 풀 백이 효과적으로 좌-우 공격루트를 확보하지 못하는 사례가 많아 팀 공격이 중앙쪽으로 집중되는 경향이 짙다. 이는 또한 좌-우를 포괄하는 패스 전개 능력이 탁월한 피를로의 경기 운영에도 좋지 못한 영향을 끼치고 있다.). 더욱이 알레그리 감독이 위의 사항에 근거한 4-3-1-2 System을 바탕으로 공-수 안정성을 앞세운 공격축구를 선호하고, 또한 그 운영을 잘 해낸다는 점에서 이는 분명, AC 밀란이 추구해 나가야 할 '모범 해답'과 같다고 볼 수 있다.

하지만, 만약 이러한 방식으로 팀을 운영하게 된다면, 벤치멤버로 굳혀진 공격수 1명의 불만이 커져 팀 내부 분위기가 틀어질 위험이 있다. AC밀란의 '슈퍼 공격수 4인방' 파투, 호나우딩요, 즐라탄, 호비뉴는 자신의 기량에 대한 자신감이 '굉장히' 대단한 선수들이고, 이러한 까닭에 스스로가 '벤치멤버'로 밀린다는 것은 적지 않게 자존심이 상하는 일일 것이므로 위의 사태가 일어남은 충분히 예상해 볼 수 있다.

그리고 '떼묻지 않은 순수 말란드루 기질'이 엿보이는 호빙요, 호나우딩요가 자신의 주전 낙점 여부와 관계없이 공격수 4인방을 공존시키려 들지 않는 감독에게 불만을 표출해 팀 분위기를 흐릴 위험성도 간과하기 힘들다. 또한 AC밀란의 구단주인 베를로스쿠니가 판타스틱 4의 공존을 학수고대하고 있다는 점도 알레그리 감독이 현재의 전형을 고수해 나가기 힘든 크나큰 이유다.

- '판타스틱 4는 항상 실패한다'

결국, AC 밀란은 '슈퍼 공격수 4인방'을 공존시키기도 어렵고, 공존시키지 않는 것도 어려운 처지에 있는 셈이다. 아직까진 무난한 행보를 거듭하고 있지만, 올 시즌 대어급 선수들의 영입으로 그 어느 때 보다도 큰 기대를 안고 있는 그들이 만약, 위의 불안 요소들을 제거하지 못해 내부 갈등을 막지 못할 경우, 어느 순간 걷잡을 수 없이 와해되는 최악의 사태에 시름할 가능성도 배제할 순 없다.

'화려함'과 그 화려함이 만들어낸 '긍정'과 '기대'란 허상이 안고 있는 크나큰 위험성. 이는 분명, AC밀란 구단과 알레그리 감독이 '필히' 인지해야 할 사항이다. 비슷한 행보를 걸었던 과거 레알 마드리드, 브라질, FC 바르셀로나, 맨체스터 유나이티드의 실패를 거울삼아 앞으로 찾아올 난관 극복에 대해 철저한 마음가짐으로 고심하지 않는다면, 그들 또한 '판타스틱 4는 항상 실패한다'는 축구계 속설을 피해가진 못할 것이다.

- 결국, 1월달에 호나우딩요가 브라질 세리아 A의 명문 플라멩고로 이적하면서 파투-즐라탄-호빙요 삼각 편대가 본격적으로 구성되고, 새롭게 영입된 카사노가 '슈퍼 서브'로서 팀 공격에 기여하는 패턴으로 시즌을 치렀다. 그들은 짜임새 있는 탄탄한 전력을 기반으로 이 시즌 스쿠데토를 거머쥐었다. -

15-1. 3백 1 (10. 9. 29)
- 3백의 탄생 및 소멸 (10. 9.) -

　4-3-3 System이 팽배하던 6-70년대 흐름에서 74 월드컵 당시 서독의 성공은 국제 축구계에 큰 시사점을 남겼다. 측면 공격을 윙이 아닌, 1명의 풀 백과 1명의 측면 미드필더가 시행하고, 3포워드가 '좌-우 윙 포워드-스트라이커의 조합'이 아닌, '2스트라이커-공격형 미드필더의 조합'에 기초한 형태로 적진을 공략하는 그들의 4-3-3(엄밀히 따져 1-3-3-1-2 System) System은 당시, 상대적으로 강한 미드필드를 앞세워 공-수 효과를 드높이는 결과를 낳으며 팀에 월드컵 정상이란 선물을 안겼다(그림 24). 서독의 성공을 기점으로 국제 축구계는 전문적인 윙을 두기 보다는 윙 역할 대체자를 선호하게 되었고, 상대적으로 중원과 중앙 공격진을 강화하는 방향에 초점을 두었는데, 이는 70년대 후기~80년대 축구 전술 흐름에 큰 영향을 끼쳤다.

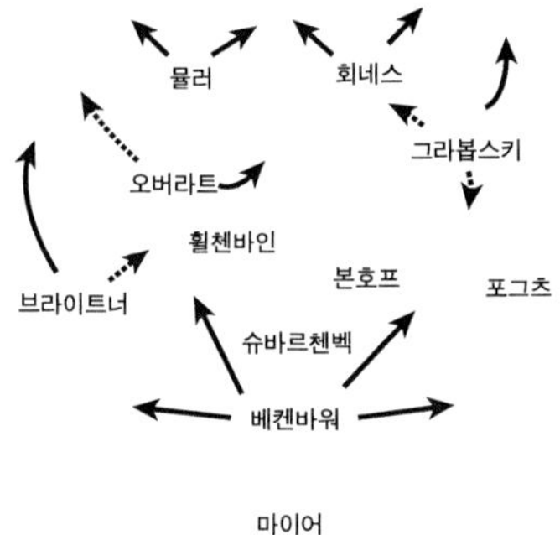

(그림 24) 74 서독 월드컵 당시 서독 대표팀 전형

　이는 수비 운영의 매커니즘 또한 서서히 바꿔놓았다. 3포워드가 좌-우로 늘어선 형태로 적진을 공략하는 과거의 전형에선 4백이 마찬가지로 좌-우로 늘어서서 지역방어를 하거나, 1명의 리베로와 3명의 스토퍼

가 구성하는 형태로 맞서는 것이 일반적이었다. 하지만, 2스트라이커-처진 포워드 1명이 구성하는 새로운 3포워드 전형을 상대로는 3백으로 맞서면서 중앙 미드필더가 보다 수비적으로 움직일 필요가 있었다. 그런데, 이 같은 수비 운영은 측면 수비 진영의 방어를 빈약하게 만들 우려가 있었다. 여기에서 문제는 윙이란 전문 포지션이 쇠퇴하는 시대에 양측에 '측면 전문 수비수를 두는 것'도 전술적으로 낭비이기 때문에 어렵고, 그렇다고 안둘 수도 없다는 것이다. 대부분 이에 대해 이탈리아에서 유래된 '토르난테(Tornante- 부분적으로 후퇴하여 수비 공간을 커버해주는 측면 윙, 혹은 미드필더)' 1명과 '공격력이 있는 풀 백' 1명의 양측면 조합에 근거한 4백을 타개책으로 인식하고 있었으나, 보다 공격적으로 나서며 승리의 결정능력을 높이고자 하는 팀들, 흔히 강팀들 사이에선 기대치를 충족시키기에 부족한 면이 있었다. 상대의 2포워드를 막기 위해 '디펜더'로 여겨지는 선수를 4명을 두고 경기를 운영한다는 점은 그 자체의 활용적 가치 여부와 관계없이 근본적으로 숫자적인 임펙트를 적진에 가하기 어렵다는 점을 감수하고 경기를 치러야 한다는 것을 의미하기 때문이다(그림 25).

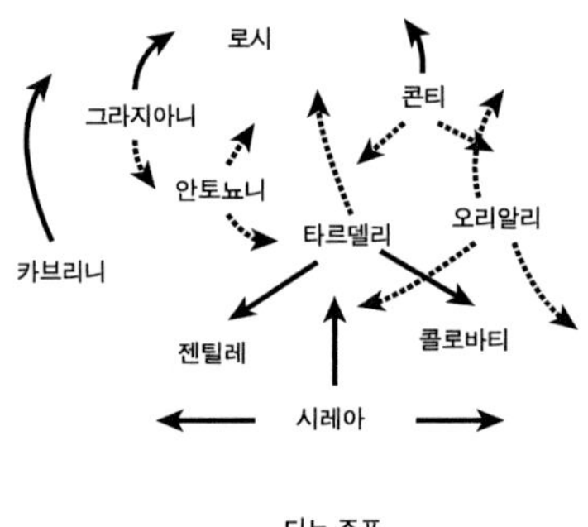

(그림 25) '공격형 풀 백'-'토르난테'를 둔 82 스페인 월드컵 당시 이탈리아 대표팀 전형

　　그런 의미에서 80년대 중반경에 치러진 아르헨티나 대표팀의 전술 변화에 주목해 볼 필요가 있다. 카를로스 비야르도 감독이 이끌었던 당시 대표팀은 4-4-2(4-3-1-2, 혹은 4-2-2-2) System을 기본 포메이션으로 활용했으나, 마라도나라는 천재적인 플레이어를 보유하고 있음에도 불구하고 공격쪽에서 강렬함을 보이지 못했다. 이를 극복하기 위해 비야르도 감독은 84년에 있었던 유럽 투어에서 '4백과 토르난테, 공격형 풀백'이 아닌, '3백과 전진형 풀 백(즉, 3-5-2 System과 윙 백)'을 두어 경기한다는 '아이디어'를 실행에 옮겼는데, 이는 더욱 탄탄해진 미드필드를 통한 경기 장악에 있어 탁월한 효과를 보이며 유럽투어 '전승'이라는 성과를 낳았다(스위스, 벨기에전 2 - 0 승, 서독전 3 - 1 승). 당시 아르헨티나의 영향을 받아 서독의 베켄바워 감독 역시, 전통의 1-3-3-1-2 System에서 중앙 수비 1명을 보강하고 풀 백을 전진배치시킨 3-4-1-2(엄밀히 따져 1-2-4-1-2) System을 활용하기 시작했는데, 이 두 팀이 86 멕시코 월드컵에서 우승, 준우승의 성과를 거두면서부터 윙 백을 둔 3백 계열 System, 그 중에서도 3-5-2 계열 System이 국제 축구계의 중심으로 확고히 자리잡아갔다(그림 26) (그림 27). 이 계열 System은 80년대 후반에 국제 축구계에 불어닥친 압박축구의 유행에 있어 중원을 강화할 수 있다는 구조적인 강점으로 인해 더욱 주목받았고, 90 이탈리아 월드컵에서 절정을 이루었다. 당시 참가팀의 90%가 넘는 많은 팀이 이를 활용했다. 그간 4백 계열 System의 신봉자였던 브라질, 잉글랜드도 예외이지 않았다.

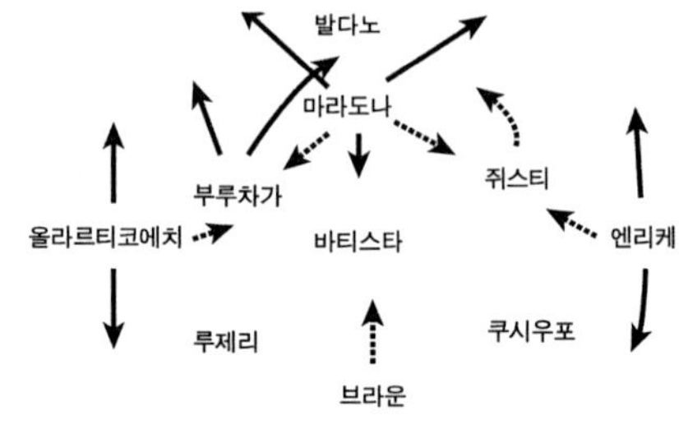

(그림 26) 86 멕시코 월드컵 당시 아르헨티나 대표팀 전형

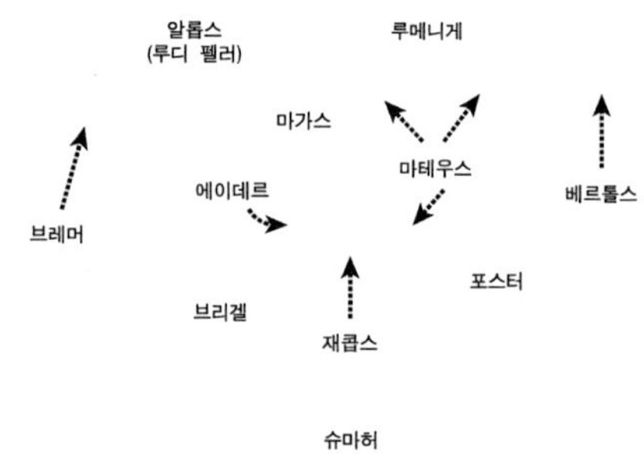

(그림 27) 86 멕시코 월드컵 당시 서독 대표팀 전형

3백의 소멸 - 90년대~2000년대 -

하지만, 전통 리베로의 역할 성향 탓에 공-수 폭을 좁히기 힘들다는 3백 계열 System의 특성이 효과적인 압박 시행을 어렵게 만든다는 의구심이 90 이탈리아 월드컵 이후 국제 축구 무대에 팽배해졌다. 이러한 이유로 당시 아리고 사키에 의해 주목받기 시작한 4-4-2 지역압박 System(공격-미드필드-수비의 플랫 구도에 근거한)이 떠오르게 되었는데, 이는 3백 계열 System이 90년대 중반을 기점으로 종말의 위기에 놓이게 된 결정적 계기가 되었다. 구체적으로 3백의 아킬레스건인 측면 위험 공간

이 플랫 구도에 근거한 4-4-2 System이 내세우는 '윙'이란 전문 포지션에 허점을 직접적으로 노출하게 되었다는 것이다. 즉, 공-수 폭을 능률적으로 좁혀 압박 대형을 높은 지점으로 끌어올림을 근간으로 양측 윙을 통해 공격을 진행하는 4-4-2 System에 맞서 3-5-2 System의 윙백은 리베로와 함께 뒷 선 보호를 위해 후퇴빈도를 높일 수 밖에 없었고, 이로 인해 결과적으로 3백 계열 System의 궁극적인 지향점인 '강한 미드필드를 근간으로 한 경기 주도권'을 행사하지 못하는 사태가 빈번히 발생하게 된 것이다. 이러한 이유로 쇠퇴해가던 3백 계열 System은 또한, 4-4-2 System이 다시 4-5-1 System 계열로 진화-발전해 가는 21세기 흐름에서 더욱 찾아보기 힘들어졌다. 빈틈없는 미드필드진의 탄탄함을 등에업고 윙의 공격력이 갈수록 강해지고 있는데다가, 구조적으로 1스트라이커를 막기 위해 3명의 중앙 수비자가 동원되는 기형적인 형국에서의 경기 운영이 불가피해졌기 때문이다(그림 28). **- 2편에서 계속 -**

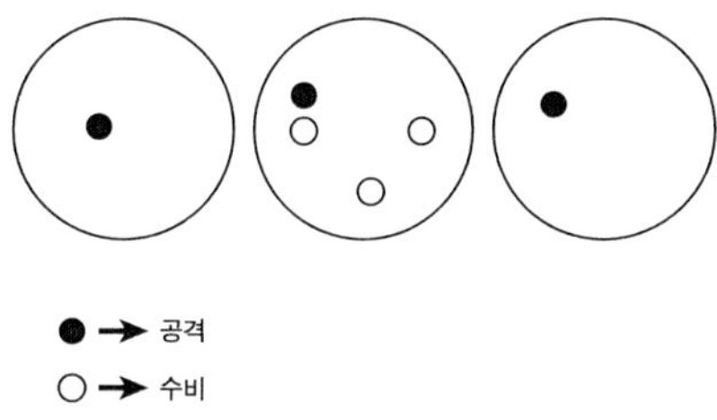

(그림 28) 3백과 3포워드의 구조적 대치 구도 (예)

15-2. 3백 2 (10. 10. 6)
- 21세기 국제 축구계에서의 3백 -

3백은 분명 21세기 축구계에서 자주 볼 수 있진 않지만, 그렇다고 해서 결코 가치가 없다고 볼 순 없다. 4백 일색인 21세기 축구계에서 2002 한.일 월드컵의 4강 진출팀(브라질, 독일, 터키, 한국)이 모두 3백을 활용하는 놀라운 사건(?)이 있기도 했고, 아르헨티나, 멕시코, 일본, 칠레 등도 21세기 들어 3백으로 국제 무대에서 위협적인 모습을 보이며 강인한 인상을 남겼다.

그렇다면, 4백의 그늘 아래서도 꿋꿋하게 생명력을 이어가고 있는 3백이 가진 매력은 무엇일까? 이처럼, 시들지 않는 매력이 있음에도 왜 3백은 국제 축구 무대의 중심으로 다시 떠오르지 못하는 것일까?

- 3백의 강점 1. 협력 대형, 즉 삼각존 형성 용이

3백이 가지는 첫째 강점은 '삼각존'을 만들기 용이하다는 것이다. 플랫 구도의 3-4-3 System에서는, 좌-우로 늘어선 4명의 미드필더 사이사이 틈새의 공간을 필두로 공격수 3-수비수 3이 대각선으로 연결고리를 만들어 공-수 대형 내에 다수의 삼각존을 만들 수 있다. 미드필드진을 다이아몬드 형태로 두는 3-4-3 System에서는 반대로 센터라인에 배치되는 4명이 앞-뒤로 기준을 잡아주는 가운데, 측면 요원들이 그 사이사이 틈새로 배치되어 다수의 삼각존을 구조적으로 형성할 수 있다. 3-5-2 System에서는 중앙 미드필더 3인이 삼각형으로 배치하든, 역삼각형으로 배치하든 기본적으로 '삼각존'이 기준이 되어 2스트라이커와 3백, 그리고 좌-우 윙 백과의 연계를 강화할 수 있다.

삼각존을 형성하기 용이하다는 것은 그만큼 협력 수비와 협력 공격에 강점을 발휘할 수 있다는 것을 의미한다. 즉, 강한 압박과 높은 볼 점유율을 통해 경기 주도권을 행사할 수 있는 여건을 주체적 입장에서 조성해 나가는데 있어 상대적으로 힘을 발휘 할 수 있다는 것이다. 그러므로 '압박' '볼 점유' '승리 주도권'을 빼놓고 논할 수 없는 현대 축구에서 3백이 가지는 가치를 결코 간과할 순 없는 것이다(그림 29) (그림 30) (그림 31) (그림 32) (또 한 가지. 공-수의 기본 배치 형태에 있어 3백을 활용할 경우 4백에 비해 플레이어 1명을 공격-미드필드진에 더 둔 상태에서 경기를 시작할 수 있다. 따라서 윙-공격형 미드필더-2 스트라이커를 모두 두어 경기운영을 해낼 수도 있고, 4명이나 되는 미드필더가 뒷 선을 지키는 가운데, 3 포워드의 조합을 보다 유기적이고 끈끈하게 이끌어낼 수도 있다.).

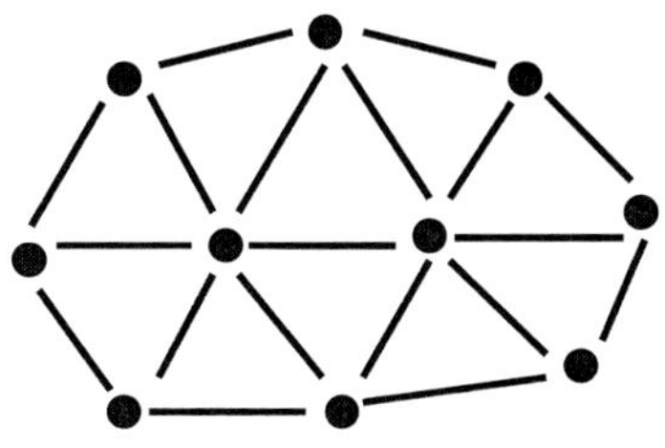

(그림 29) 3-4-3 System의 삼각구도 1

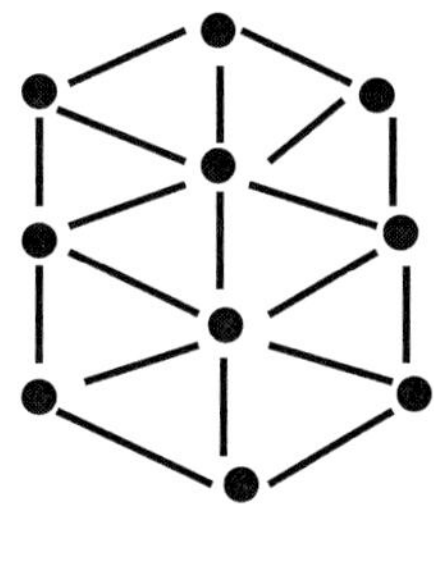

(그림 30) 3-4-3 System의 삼각구도 2

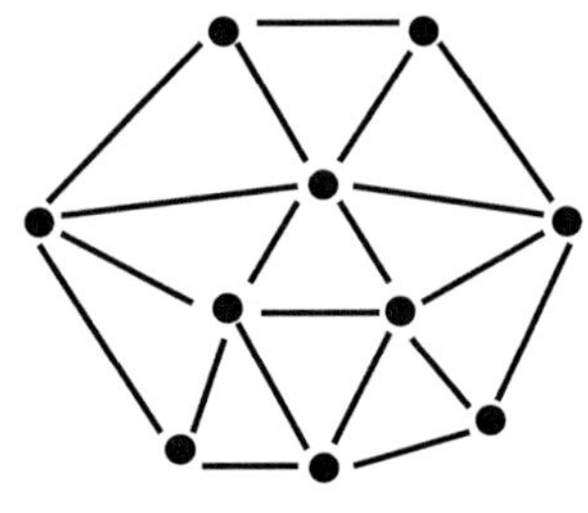

(그림 31) 3-5-2 System의 삼각구도 1

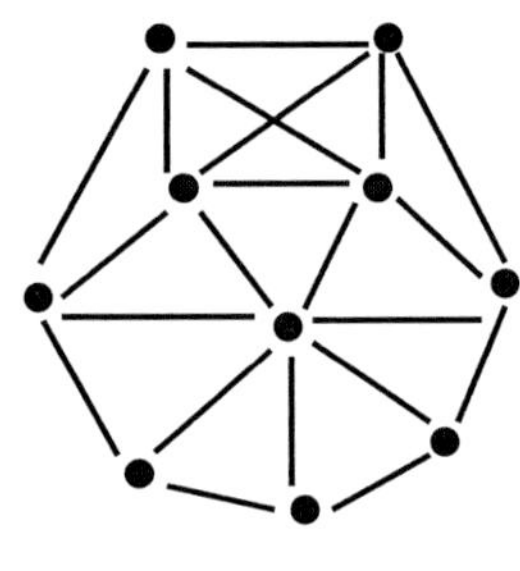

(그림 32) 3-5-2 System의 삼각구도 2

- 3백의 강점 2. 수비라인 조직 구성 및 전진 수비에 용이

21세기 들어 스토퍼-리베로의 구성에 기초하는 전통적 3백 보다는 일자로 늘어서서 지역방어를 하는 3백이 많아졌다. 이는 기본적으로 물러서지 않는 수비라인 운영을 통해 앞서 '3백의 강점 1'에서 언급했던 요인들을 최대한 살려내기 위함에 목적이 있다.

여기서 하나 짚고 넘어가야 할 것은 지역방어의 시행시, 3백 그 자체가 이끌어낼 수 있는 가치다. 양측 풀백이 전-후진을 반복한다는 특성에 의해 순간순간의 변화가 비교적 잦은 4백과 달리, 3백은 앞 선의 공격-미드필더의 전진성향을 든든히 받치기 위해 수비수 전원이 특별한 오버래핑 없이 라인을 지키며 경기를 운영하게 되므로 변화가 적다. 때문에 리더십이 우수한 센터 백을 중심으로 수비조직 구성을 보다 편하고 확실히 할 수 있다. 이러한 이유로 지역방어를 통해 보일 수 있는 전진수비, 오프사이드 트랩과 같은 비교적 과감한 수비 부분전술의 시행이 상대적으로 더 용이하다.

3백이 21세기 축구 흐름에서도 여전히 활용되어질 수 있는 궁극적인 이유 역시 여기에 있다. 구체적으로 리베로의 후퇴로 인해 벌어지는 공-수 간격이 팀 전술 운영에 나쁜 영향을 끼친다는 이유로 종말의 위기에 처했던 3백이 90년대 후반, 이탈리아의 자케로니, 마르첼로 리피 등에 의해 지역방어로 재탄생하면서 기존의 3백이 가지고 있던 구조적 전술 문제가 해결되는 경향을 보였고, 이것이 결과적으로 3백에 의해 나타낼 수 있는 위의 강점들을 극대화시킬 수 있는 요인이 되면서, 치열한 국제 축구 무대에서 비록 주류는 아니더라도 끈끈한 생명력을 이어가고 있단 것이다.

- 현대 축구에서 나타날 수 밖에 없는 3백의 구조적 위험성

그럼에도 3백이 보편화되지 못하는 까닭은 '구조적 위험성'이 너무 크기 때문이다. 특히, 3백이 살아남기 힘든 방향으로 나아가고 있는 21세기의 축구 흐름이 3백의 이 같은 위험성을 더욱 증폭시키는 하나의 요인이 되고 있다. 최근에는 스트라이커를 1명만 두며 미드필드 후방 지역에서부터 안정적으로 볼 점유율을 이끌어와 공격진으로 연계하는 패턴이 큰 인기를 끌고 있는데, 이것이 3백의 보편화를 막는 주원인이 되고 있다.

구체적으로 압박과 볼 점유, 공격 포지션 활용에 대한 강점을 이끌어내기 위해 공격적으로 전진하려해도 이미 빽빽이 들어선 상대 미드필더-수비 틈새에서 어려움을 감수해야할 뿐만 아니라, 구조적으로 '스트라이커 1명-강한 미드필드진의 유기적인 힘을 바탕으로 진격하는 양측 윙'을 마크하기 위해 3명의 수비수가 대치되는 위험천만한 상황에서 경기를 치러야 한다는 점이 3백의 보편화를 막는 주된 이유란 것이다. 결국, 공격에 대한 어려움과 수비에 있어서의 위험성 때문에 윙 백의 지속된 후퇴가 필연히 따를 수 밖에 없는데, 이는 본래 팀이 취하려던 목표를 잊게하고, 동시에 팀 경기 운영을 소극적으로 이끌리게 하는 요인이 될 가능성이 높다.

결국, 3백이 생존하기 위해서는 이것이 가지는 위의 두 가지 강점을 특별하게 부각시켜야 할 필요가 있다는 결론이 나온다. 이를 위해 더욱 도전적이고, 더욱 공격적이며, 더욱 과감하게 경기를 진행시켜야 한다. 더불어 공격-미드필드-수비의 각 라인이 분리되지 않고 지속해서 컴펙트한 대형을 유지할 수 있도록 팀 조직력과 집중력을 최상으로 높이는 것 역시 너무나도 중요한 의미를 지닌다.

하지만, 설령 이러한 조건이 모두 충족된 상태에서 경기를 치른다 하더라도, '전력 평준화'가 두드러지고 있음은 물론, 축구인들의 전술적 인식이 높아진 현대 축구에서, 구조적으로 나타나게 되는 약점을 뚜렷이 안고 매 경기를 치른다는 것은 현실적으로 매우 어렵다.

현대 축구에서 3백은 주로 '아주 도전적'인 마인드를 갖추었거나, 선수들의 개인 기량과 팀 조직력에 상당한 자신감이 있는 팀에 한해 쓰이는 예가 많다. 때때로는 윙 백의 후퇴 빈도를 높여 극단적으로 수비를 강화하겠다는 소극적인 팀에 의해 활용되어지기도 한다.

우수선수가 갖추어야 할 4대 조건

　오늘날, 축구 중계를 보면 해설 위원이 자주 언급하는 말 중에 '팀 스피드'가 있다. '팀 스피드' 싸움에서 이기느냐, 지느냐가 결국 팀 공격-수비의 성패 여부를 좌-우 한다는 것이다. 즉, 상대 수비의 반응속도보다 빠르게 공격하는 것이, 상대 공격이 진행되기 이전에 빠르게 수비태세를 갖추는 것이 현대 축구 경기의 성패 요인이란 의미다. '팀 스피드'는 구체적으로 공-수 전환의 속도를 의미한다. 이를 효과적으로 이끌어내기 위해 선수 개개인은 '전술적 역량' '기술적 역량' '체력적 역량' '강한 정신상태(심리적 역량)'라는 4대 조건을 갖추어야 한다. 이 4가지의 조건은 곧, 우수 선수가 갖추어야할 '4대 핵심 요소'로 해석할 수 있다. 이번 리포트에서는 위의 4대 조건의 개념과, 이것들이 현대 축구에서 어떻게 인식되어지고 있는지에 대해 간략히 정리해보았다.

1. 전술적 역량 (시야확보의 중요성)

축구에 있어서의 '시야'는 '창의성'과 밀접한 연관이 있다. 엄밀히 따져 '시야'는 '창의성'의 '충분조건'이라 해석할 수 있다. '창의성'은 곧, 빈 공간을 읽어내고, 그 공간을 활용하는 능력을 의미하는 것인데, 이 중, 빈 공간을 읽어내는 능력, 즉 '공간지각력'이 여기에서 언급하고 있는 '시야'와 서로 필요충분조건에 있다 할 수 있다.

또한, 시야가 넓어 창의적 축구를 행하는 선수는 '전술적 역량'의 완숙함에 도달할 수 있다. '전술적 역량'은 공간을 효과적으로 활용함으로써 팀 공격-수비 운영에 대한 '방향'을 제시하는 능력을 의미한다. 즉, 충분한 '시야확보'는 '전술적 역량의 완숙함'에 도달하기 위한, 기초적 사항에 해당한다고 해석 가능하다.

시야가 넓어 창의적 축구를 구사하는 선수는 공간에 대한 빠른 인지와 상황판단으로 경기를 슬기롭게 풀어나간다. 구체적으로 적진에 위험 공간을 발견했다면 이를 활용해 '득점 기회'를 얻기 위한 과정을 창조하고, 아군진영에 위험 공간이 노출되었을 경우, 이를 커버한다. 즉, '시야확보'는 경기운영 하는데 있어 상황에 따라 자신이 어떤 판단을 해야 하는지에 대한 '길잡이' 역할을 하는 것이다.

'플레이 활용 공간'이 좁아진 현대 축구에선 그야말로 '속도 전쟁의 장'이 펼쳐지고 있다해도 과언이 아닌데, 이는 그 만큼, '날카로운 공간 인지'에 대한 중요성과 속도에 대한 완급을 조절할 수 있는 능력의 필요성이 강조될 수 밖에 없음을 의미한다. 즉, '시야 확보'와 이를 필두로 한 '전술적 역량'이 중시되는 시대적 흐름에 있다는 것이다.

오랜 과거에는 압도적인 기술적-체력적 능력을 앞세워 국제 무대를 평정하는 선수가 많았다. 그러나, '압박 축구'가 대두된 80년대 후기 이후의 축구 흐름에선 그렇지가 않다. 전반적인 전술 고도화로 인한 협소한 플레이 공간 내에서 생존해 나가기 위해선 '기술'과 '체력'은 기본적으로 갖추어야 할 '필수 사항'이다. 오히려 승부를 주도하고 이끌어가는 입장에서 경기를 운영하는 세계적인 선수의 조건으로 최근 들어선 '전술적 역량'과 본문 아래에서 언급할 '심리적 역량'이 상당부분 중요시되는 추세를 보이고 있다.

2. 기술적 역량 (행위의 성숙함)

축구의 기술을 대표하는 5대 요소는 Pass, kick, Dribble, Shoot, Header다. 이러한 요소가 바탕이 된 '기술적 역량(구성원 개인이 가진 기술적 능력)'은 '공간'을 활용하기 위한 기초 설계를 충실하게 다듬고 마무리 지어줄 '행위적'인 의미를 띤다. 기술적 완숙함이 부족할 경우, 체력이 우수하든, 강한 심장을 지녔든, 나아가 '공간'을 정확히 읽어내고 그 공간을 활용하는 방법을 이른 시간내에 파악해내든, 어떤 경우에서든 '전술의 목표'를 매끄럽고 정확하게 이끌어내기가 어려울 수 밖에 없다.

전술적인 기초설계가 뚜렷하다 할지라도 그것을 '결정'하는 것은 곧, '기술적 역량'이니 이는 수백번 강조해도 결코 지나치지 않는 '절대적' 중요 요소라 할 수 있다. 특히, 자라나는 유소년 축구 선수들에게 있어 '기본기술 훈련의 반복'은 무엇보다 중요한 사항이다.

- Pass

패스란 자신이 소유하고 있던 볼을 동료 선수에게 건네주는 행위를 뜻한다. 흔히 축구는 '패스의 게임'이라 말한다. 국제적 기준으로 너비 108m-폭 68m의 넓은 그라운드 내에 두루두루 배치되어 있는 상대 수비수 11명을 개인의 힘으로 뚫는다는 것은 불가능에 가깝다. 간혹 80년대를 수놓았던 아르헨티나의 디에구 마라도나, 90년대 후반의 '축구

황제' 호나우두 같은 선수들이 하프라인에서부터 상대 수비수 6.7명을 제쳐내고 득점에 성공한 이채로운 장면들을 연출하기도 했지만, 매 경기-매 순간 이를 시행해 내는 것은 사실상 불가능하다. 압박이 유행하는 현대 축구에서는 더더욱 그러하다. 따라서 축구선수는 볼을 소유했을 시, 공간을 점유한 동료 선수에게 정확히 건네주는 플레이, 즉 패스를 필요로 한다. 기초공사가 탄탄하지 않은데 거대한 빌딩이 들어설 수는 없는 일이다. 패스는 '팀 전술의 조합을 통해 득점을 형성한다'라는 하나의 큰 목적을 이루기 위한 '기초적 공사'에 해당된다고 볼 수 있다.

그리고 효율적 패스를 위해 사전에 전제되어야 할 요소가 있다. 바로 트래핑과 볼 키핑 능력이다(트래핑은 자신에게로 향하는 볼을 컨트롤하여 방향을 제시하는 기술을 말하고, 볼 키핑은 볼을 자기 소유로 다루는 기술적 능력을 의미하는 것이다.). 이것에 능숙한 선수는 최단시간에 볼을 자신의 소유로 두면서 패스 및 개인 돌파 등 스스로의 판단에 의한 공격 플레이를 능동적으로 진행시킬 수 있게 된다. 이로서 창조적 공격을 위한 탄탄한 기반 조성이 가능해진다.

반면, 반대의 경우, 볼을 자신의 소유로 두는데 있어 시간적, 심리적으로 쫓기는 상황에 놓이게 되므로 상대의 압박에 손쉽게 걸려들어 볼의 소유권을 놓칠 가능성이 크다. 따라서 정확하고 창조적인 패스는 우선, 안정적인 트래핑과 볼 키핑이 전제되어져야 한다.

또 하나 중요하게 짚고 넘어가야 할 것은, 단순히 동료에게 정확히 볼을 전달한다는 것에 패스의 의미를 가두면 안된다는 것이다. 패스 구사 능력에 대한 정의의 조건으로 '정확성'에 '완급의 조절'이 반드시 더해져야만 한다. 패스의 구성은 크게 5가지, 즉 횡 패스, 전진패스, 백 패스, 숏 패스, 롱패스로 나눌 수 있다.

전진패스는 적진의 방향으로 직접적으로 나아가는 패스를 의미하고, 횡패스는 좌-우로 건네지는 패스를 의미한다. 백패스는 후위로 나아가는 패스를 의미하며, 쇼트패스는 짧은 패스, 롱패스는 긴 패스를 의미하는 것이다.

축구선수는 이 5가지의 패스를 상황에 맞춰 적절하게 이행하며 경기를 진행시킬 수 있어야 한다. 예를들어 적진 배후에 빈틈이보일 경우 가감없이 날카로운 종패스를 이행함으로써 팀의 빠른 공격을 이끌어내고, 적진의 수비가 좀처럼 빈틈을 보이지 않으며 '바이탈 지역'에 밀집해 있을 경우, 무리한 종 패스 보다는 후위와 좌-우의 공간을 크게 활용하는 패스(횡 패스, 백 패스)를 통해 다음 공격 기회를 노리는 것이 효과적이다.

상대의 거센 압박에 좀처럼 볼을 적진에서 소유하기 힘들시, 후위의 넓은 공간으로의 백패스를 적절히 활용하며 위기 상황을 탈피하고, 반대로 공세로 몰아붙일 수 있는 상황에서는 1-2선의 공격자들이 짧게 주고받는 패스, 즉 전진패스와 백패스의 빠른 전환을 통해 적진을 공략한다.

상대 수비가 특정 지역에 밀집되어 있을 경우, 반대편, 혹은 최전방으로 단번에 넘어서는 긴 패스를 통해 이를 벗겨내고, 상대 수비의 움직임을 한쪽 지역으로 유도하거나 협소한 공간을 파고들 시에는 짧고 간결하게 주고 받는 쇼트 패스를 적극 활용한다.

이처럼 상황에 맞춰 어떤 방향으로 어떤 패스를 이행해야 할지, 축구 선수는 항상 생각하며 플레이 할 필요가 있다. 이는 정확성 못지않게 패스를 행함에 있어 가장 중요시 되는 사항이며, 또한 본문에 앞서 언급한 '전술적 시야'와도 아주 밀접한 연관이 있다.

- Kick

축구의 가장 기본적인 기술이다. 킥은 발로 볼을 차는 모든 행위를 의미한다. 구체적으로 인사이드킥(발의 안쪽 활용), 아웃사이드킥(발의 바깥쪽 활용), 인스텝킥(발등 활용), 인프론트킥(발끝과 발 안쪽 사이 활용), 아웃프론트킥(발끝과 발의 바깥쪽 사이 활용), 토우킥(발끝 활용), 힐 킥(발 뒤꿈치 활용)으로 그 종류가 나뉜다.

안전한 패스를 할 때에는 주로 인사이드 킥을 활용하고, 급박한 상황에서 반박자 빠른 패스를 해야 할 경우에는 주로 토우킥을 활용한다. 볼을 멀리 보낼 때에는 인스텝킥을, 정교한 킥을 구사할 때에는 인프론트킥과 아웃프론트킥을 주로 활용한다. 뒤에 있는 동료에게 볼을 이른 타이밍에 건넬 시에는 주로 힐 킥을 활용한다.

킥은 다양한 방법으로의 패스, 슛을 하기 위해 반드시 익혀야 할 기술이다. 특히 공간과 시간 장악에 주안점을 두는 현대 축구에서는 압박을 피해 정지 상태에서 공격을 창조할 수 있는 세트피스의 중요성이 날로 강조되어지고 있다. 따라서 '속도' '정확성'을 겸비한 킥 능력을 갖춘 '전문키커'의 존재는 현대 축구 팀 구성에 있어 필수다.

- Dribble

드리블은 볼을 소유한 채 전진하는 기술을 뜻한다. 빠른 패스 및 공간 침투가 주를 이루는 현대 축구에서 화려한 드리블을 볼 기회는 과거에 비해 많이 줄어들긴 했지만, 드리블이라는 기술 자체가 축구에서 차지하는 비중은 결코 적지 않다.

빠른 타이밍에서의 패스가 여의치 않을 경우, 패스 타이밍을 선정하기 이전에 볼을 다루어야 할 경우, 주변에 단독으로 침투할 수 있는 공간이 생성되었을 시, 능숙하게 드리블을 구사할 수 있다면 팀 공격에 큰 이로움을 선사할 수 있다.

특히, 적진 깊숙한 지역에서 과감하고 저돌적인 드리블 돌파를 망설임없이 시도할 수 있는 능력 있는 공격수가 있다면 상대 수비진을 크게 흔들 수 있게 된다.

대신, 드리블이 '주'가 된 경기 운영은 절대적으로 피해야 한다(드리블 기술이 화려한 유망주 공격 플레이어들 중에서 이런 오류에 빠지는 예가 잦다.). 드리블을 할 시엔, 볼과 볼을 가진 선수의 움직임이 대치하고 있는 상대 수비자에게 '직접적'으로 노출될 수 밖에 없으므로 자칫하다간 팀 공격 타이밍에

'심각한' 부정적 영향을 끼칠 가능성이 농후하기 때문이다. 어디까지나 드리블은 속도감 있는 팀 공격 운영을 보다 매끄럽고 세련되게 가꾸어 주기 위한 '보조적 기능'으로서 그 힘을 발휘할 때, 빛을 볼 수 있는 기술이라는 점을 명심해야만 한다.

※ FC 바르셀로나의 리오넬 메시는 드리블 구사에 있어 단연 돋보이는 세계 최고의 실력자다. 상대 수비의 발 동작을 보고 민첩하게 방향을 바꿔나가는 능력이 '아주' 뛰어나다. 더구나 무게 중심이 낮고 빠른 주력까지 갖추고 있어 수비 입장에선 매우 곤혹스런 상대다. 왼발잡이인 그는 주로 우측면 윙 포워드로 기용되는데, 주요 공격 패턴은 터치 라인에서 볼을 소유한 후, 중앙으로 드리블을 통해 진입하여 슛과 어시스트에 가담하는 것이다. 리오넬 메시의 드리블을 아직까지 제대로 막아선 프리메라리가의 수비수는 없다. 이 때문에 FC 바르셀로나는 확실한 공격루트 하나를 점유하며 매 경기를 치르는 셈이나 다름없다. 그의 드리블은 간간히 디에구 마라도나와 비교되기도 한다. ※

- Shoot

펠레는 '슛은 마지막 패스다'라며 이 기술적 사항의 중요성을 강조한 바 있다. 아무리 훌륭한 경기를 운영했다 할지라도 슛의 정확성이 결여되어 골을 터뜨리지 못한다면 이전의 노력은 수포로 돌아가고 만다. 결국 축구는 골을 넣어야 승리하는 게임이기 때문이다. 따라서 슛의 능력은 특히, 문전과 가까운 위치로 나아가는 공격수들에게 요구되는 특별히 중요한 기술적 요소가 아닐 수 없다.

슛의 방법에는 일반적으로 롱 슛, 발리 슛, 헤딩 슛 등등이 있지만 몇 가지의 예로 다 설명할 수는 없다. 페널티 에어리어 내/외에서는 어느 지점에서든 슛을 시도할 수 있으며, 슛의 방법은 슛을 이행하는 스스로의 창조성에 의해 다양하게 나타날 수 있기 때문이다. 심지어 상대 골키퍼가 전진배치 해 있을 시, 하프라인을 넘지 않은 위치에서 기습적으로 적진의 골문을 겨냥한 롱슛을 시도할 수도 있는 일이다.

중요한 것은 슛의 기회를 포착하여 슛을 하는 그 순간에는 볼과 자신이 인지한 상대 문전의 공간에 최대한 집중하는 것이다. 그리고 강력한 슛에 집착한 나머지 팔로 스로의 동작이 크고 모험적으로 나타나는 것을 경계해야 한다. 되도록 최단시간에 슛이 성사될 수 있도록 볼을 정확히 끊어 임펙트 시키는데 주력해야 한다. 수비의 강압적 방어가 지속되는 와중에 큰 동작으로 강 슛을 할 수 있을 만큼의 여유는 '결코' 쉽게 찾아오지 않기 때문이다.

이를 위해선 볼을 컨트롤하는 능력과 골을 향한 집념, 고도의 집중력이 절대적으로 요구된다.

※ 골 결정력 부족은 대한민국 축구의 고질적인 문제점이다. 이는 슛을 할 수 있는 기술적 수준이 미숙하기 때문에 나타나는 것이다. 볼을 정확히 임펙트하는 기술적 역량이 떨어져 강슛에 의존하게 되고, 때문에 팔로 스로의 동작이 크게 나타난다. 때로는 빨리 슛을 해야한다는 강박관념에 사로잡혀 급하게 슛을 시도하다 어이없이 기회를 날려버리는 경우도 많은데, 이 역시 재빠르게 정확한 슛을 시도할 수 있다는 자신감이 결여되어 있기 때문에 나타나는 것이다. 반면 유럽이나 남미의 강팀들의 스트라이커들을 보면 볼을 컨트롤하고 슛으로 이어지는 동작이 매우 빠르면서도 여유가 묻어난다. 반박자 빠른 슛의 비결은 임펙트에 대한 자신감, 먼저 슛 할 수 있는 공간으로 빠져들어가는 영리함, 골키퍼의 움직임 및 골문의 공간을 신속히 파악할 수 있는 시야와 집중력에 있다. 이 모든 것은 탄탄한 기술, 다수의 경기 경험, 끊임없이 승리를 갈구하는 집념에서 나오는 것이다. ※

- Header

  헤딩은 머리로 볼을 다루는 기술을 말한다. 흔히, 발 밑의 정확한 패스가 볼 점유율을 높이는데 있어 '핵심'이 된다고 여겨지지만, 헤딩 역시 이 사항에 있어 못지않게 중요성을 띤다. '골 킥'-'롱 패스'의 비중도 결코 좌시할 수 없는 축구 경기 운영에 있어서, 수비라인 앞 포지션, 즉 미드필드 지역에서는 필연적으로 잦은 공중 볼 경합 상황이 발생하게 된다. 이 때, 헤딩 경합에서 이겨내 볼을 적진으로 향하도록 유도 할 수 있을 경우, 상대로선 어쩔 수 없이 한 발 물러선 지점에서 대형을 갖출 수 밖에 없게 되고, 반대로 우군은 그만큼 전진하며 상대를 압박할 수 있게 된다. 즉, 이 싸움에서 주도권을 쥐게 되면, 그만큼 우군이 미드필드에서 공간을 더 넓게 차지하며 '공격 - 압박 대형 구축' 및 '패스'를 할 수 있는 기회를 많이 얻게 될 수 있다는 이야기다.

  뿐만 아니라, 미드필드 지역을 세밀하게 거쳐가기 힘든 상황에선, 좌-우 측면 혹은 뒷 선'에서 문전으로 단 번에 넘어서는 패스로서 적진을 공략하는 것이 효과적인데, 이 때, 최전방에 '헤딩 경합'에 능한 공격자가 있다면, 그만큼 공격 옵션을 다양화 할 수 있다는 잇점이 생기게 된다. 중원 압박이 거센 최근의 추세에선, 측면을 거쳐 전방으로 넘어서는 패턴이 여러모로 각광받고 있는 만큼, 특히, 위험 구역에 위치하는 선수들의 헤딩 경합 능력에 대한 필요성이 강조된다.

※ 축구사에 있어 Striker의 고공 플레이를 가장 훌륭하게 활용해온 국가는 독일과 잉글랜드다. 이들은 전통적으로 창조적이고 다양한 형태의 공격 루트를 개척하기 보다는 최전방으로 단번에 넘어서는 롱 패스를 활용한 실용적 축구에 주목해왔다. 힘든 중원 싸움에 직접적으로 부딪히며 소모적 경기를 운영하기 보다는 최단시간에 가장 확실히 골에 도달하는 방법을 추구하며 경제적인 축구를 시행하겠다는 의미다. 이러한 이유로 독일과 잉글랜드에는 Post Play에 능한 Striker가 많았다. 잉글랜드의 앨런 시어러, 독일의 올

리버 비어호프는 90년대 그들의 전통 축구를 상징하는 존재였다. 물론, 현대의 독일과 잉글랜드는 전통적 색깔에 중원을 거치는 다이내믹한 공격 축구 접목에 힘을 기울이고 있는 추세다. 2006 독일 월드컵 당시 클린스만 체제의 독일은 이를 훌륭히 실행했다. ※

- Communication

'축구는 필드 내에서 팔을 제외한 신체 모든 부분을 활용하는 게임이다' 이는 맞는 말이지만 절대적이진 않다. 팀 전술을 조합하는데 있어 가장 중요한 것은 서로간의 '의사소통'이기 때문이다. 예를들어 팀의 리더는 플레이에 집중하지 않거나 잘못된 위치를 선정한 선수를 다그치고, 공간을 점유하며 침투할 태세를 갖춘 공격수는 볼을 소유한 동료에게 큰 소리로 볼을 달라고 외치거나, 눈빛 교환, 즉 아이컨텍트를 통해 서로의 의도를 확인하는 방법 등으로 주변과 소통한다.

이를 토대로 팀의 조직은 하나의 유기체를 이루게 된다. 프로축구 경기를 보면 그라운드가 대단히 시끄럽다. 심지어 90분 내내 호통치다가 목이 쉬는 선수들도 있을 정도다. '서로간의 원활하고 끊임없는 의사소통' 이는 특정 기술이라고 말하기는 힘들지만 단체 스포츠인 축구에 있어 선수들이 반드시 숙지해야 할 중요한 부분전술이다.

* 60년대 유럽 무대를 뒤흔들었던 인터밀란(63-64, 64-65 시즌 유럽 챔피언스컵 우승)의 감독 엘레니오 에레라는 선수들간의 '소통' 을 상당히 중요시 여긴 '대표적' 지도자다. 주목해 볼 점은, 일상에서의 구성원들간 허물없는 '소통' 이 경기력에도 적지 않은 영향을 끼친다는 철학을 가지고 있었다는 것이다. 이를 위해 그는 평상시 서먹한 관계에 있는 선수들을 묶어 같은 룸을 사용토록 하거나, 팀 구호를 특정 상황 때 마다 외치도록 하면서 팀 원 전체의 친밀도를 높이는데 만전의 노력을 기울였다. 이는 그들이 당시 그 어떤 팀 보다도 강력한 조직력을 구축하며 유럽 무대를 평정했던 크나큰 이유들 가운데 '결코' 빼놓을 수 없는 사항 중 하나였다. *

- 이외에 흔히 활용되는 Technique

앞서 언급한 내용들은 축구의 가장 기초적 기술 사항들이다. 그리고 이와 더불어, 위치 싸움에서 이겨내기 위한 몸싸움 및 상대 소유의 볼을 커트 하는 태클, 볼을 소유하며 드리블을 시도할 시, 대치되는 상대 수비 움직임의 타이밍을 빼앗는 페인트의 능력도 경기력을 좌우하는 중요한 기술로서 인식되어져야 한다.

그리고 경기 중에는 특별히 쓰이는 일이 없지만 사전에 틈틈이 연습을 해두면 경기력에 도움을 주는 기술이 있다. 바로 리프팅(볼을 땅에 떨어뜨리지 않고 컨트롤 하는 기술)이다. 리프팅은 특히 자라나는 유소년 선수들이 볼 감각을 익히기 위해 경기 외적으로 자주 활용한다.

3. 체력적 역량

볼을 소유하고 있든, 그렇지 않든, 경기 흐름을 매끄럽게 이끌어내기 위해 선수들은 '정적인 상황'에 머물러 있으면 안된다. '움직임' 속에서 언제나 플레이가 이루어짐으로 이를 이끌어내는 원동력인 '체력'이 바탕이 되어야 함은 축구 뿐만 아니라 모든 스포츠의 '기초'라 할 수 있겠으며, 상식이다.

우선, 체력의 개념에 대해 알아보자. 체력은 크게 방어 체력과 활동 체력으로 나누어진다. 방어체력은 '환경 변화에 대응하여 항상성을 유지할 수 있는 적응력'를 말하는 것이다. 즉, 외부로부터 오는 정신적, 생리적, 생물학적, 물리화학적 요인들을 뿌리치고 최적의 컨디션 상태를 유지할 수 있는 능력을 의미한다. 활동 체력은 언어 그대로 신체적 활동력을 말하는 것이다. 이를 구성하는 요소는 크게 4가지다. 운동의 발현능력(근력, 순발력), 조정능력(민첩성, 평형성, 교치성), 유연성, 지속능력(지구력, 근지구력)이 그것이다. 즉, 얼마나 지속적이고 활발히 움직일 수 있느냐, 필요한 순간에 얼마만큼 빠르고 강하게 힘을 뿜어낼 수 있느냐, 얼마만큼 민첩하고 유연하게 상황을 이끌어갈 수 있느냐 등등이 이에 해당한다.

특히 현대 축구에서는 체력의 가치가 더욱 상승하고 있다. 실제로 현대 축구에서는 개개인이 90분간 평균적으로 11km~13km를 이동한다. 현대 축구의 흐름이 '시간'과 '공간'을 타이트하게 장악하는 추세로 흘러감에 따라 '남보다 한 발짝 더 많이 뛰지'않으면 경쟁력을 갖추기 힘들어졌다. 즉 '강한 압박'과 '빠른 역습'으로 대변되는 현대축구의 흐름이 '체력'과 이에 따른 '기동성'을 그만큼 크게 요구하고 있다는 것이다.

'공간'을 찾아 부지런히 움직이고, 상대에게 빼앗긴 볼을 다시 찾기 위한 노력이 돋보이는 선수는 지도자를 비롯, 동료 선수들이 좋아하지 않을 수 없다. 단, 무조건적으로 많이 뛰는 행위는 '단순노동'에 그칠 수 있다. 즉, 이는 필요하지 않은 순간에 많은 힘을 허비해 정작 필요한 순간에 경기를 망치는 상황을 발생시킬 수도 있다는 의미다. 따라서 '전술'과 '기술'의 중요성을 다시 한 번 언급할 수 밖에 없다.

'전술의 완전함'은 개인이 가진 체력적 에너지를 보충하고, 필요한 순간에 체력적 소비를 하기 위한 '길잡이' 역할을 한다. 그리고 '기술의 완전함'은 많은 움직임이 '정확한 플레이'로 귀결될 수 있게 함으로 '불필요한 시간과 움직임의 허비' 를 최소화 한다.

※ 대한민국 전 국가대표이자 '세계 정상의 명문 구단' 맨체스터 유나이티드 소속의 박지성은 체력적으로 매우 뛰어난 선수다. 윙 포지션에서 주로 활약하는 그는 90분 내내 쉬지 않고 공-수 가담에 열심히다. 적진 깊숙한 지역으로 진입했다가도 어느새 후진하여 측면 수비자-중앙 미드필더 등과 협력해 강력한 압박 수비를 구사한다. 또한 그의 활동 반경은 매우 폭넓기 때문에 다양한 위치에서 전투적인 몸놀림을 통해 공-수를 지원한다. 그는 팀 동료인 나니, 루니, 치차리토, 에브라와 같이 화려함이 돋보이는 선수는 아니지

만 부지런함과 많은 활동량을 토대로 그라운드를 누비는 '팀 내 살림꾼' 같은 존재로서 맨체스터 유나이티드 및 대한민국 축구팬들에게 사랑받고 있다. ※

4. 심리적 역량 (집중력,동기,자신감)

앞서 설명한 '전술적 역량' '기술적 역량' '체력적 역량'이 경기의 궁극적 목적인 '승리'를 위한 '구성요인'이라면, '심리적 역량'은 그 '승리'를 결정하는 '결정체'가 된다.

구체적으로 이기고자 하는 욕망(동기)과 경기에 대한 집중력 및 냉정함, 이길 수 있다는 자신감이다. 물론, 이러한 것들이 '자만심'으로 나아가지 않도록 스스로에 대한 자제력을 갖추는 것과 항상 냉정함을 유지하는 것이 중요하다. 강팀을 만나면 지레 겁먹는 선수, 이기고자 하는 욕구가 없는 선수, 쉽게 포기하는 선수, 지나친 자신감으로 포만감에 가득찬 선수는 제 아무리 기술적, 전술적, 체력적인 요인이 탁월하다 하더라도 결코 좋은 경기를 이끌어내기 힘들다.

'승리하자' '이길 수 있다' '남도 나와 같이 힘들 것이다' '상대가 추격하고 있다' '최선을 다 하자'등등 심리적 요인도 강팀을 구성하는 하나의 중요한 요소로 받아들여져야 한다. 때문에 최근에는 축구를 비롯한 스포츠 종목에 있어서 선수들의 심리상태를 체크하고 관리하는 '멘탈 트레이너'의 중요성이 커지고 있다. 경기력을 결정하는 심리 요인은 아래와 같다.

펀더맨틀(자신감, 자기관리, 집중력)

축구지능(생각하는 플레이, 창의력, 순간 판단력)

동기(의욕, 목표설정, 지도자의 신뢰)

정신력(승부욕, 투지)

※ 2002 한.일 월드컵 당시 대한민국의 성공은 히딩크 감독의 지도력, 선수들의 향상된 기량 등 다양한 원인이 있겠지만 무엇보다 심리적인 영향이 컸다. 우선, 무대가 익숙한 그라운드였다는 점, 홈 관중들의 열열한 응원을 등에 업고 있다는 점으로 인해 자신감이 충만한 상태에서 경기를 치를 수 있었고, 이는 자연적으로 선수들의 의욕 및 투지를 불태웠다. 그리고 히딩크 감독의 노력으로 인해 선수들은 플레이에 대한 실수를 두려워하지 않게 되었고, 동료들간의 소통을 자연스럽게 이끌어냈다. 이로서 팀은 딱딱하지 않은 분위기에서 하나의 유기체적 조화를 이루었다. 그리고 실수에 연연하지 않는 저돌적인 플레이는 후퇴가 아닌 전진적이고 공격적인 심리 요인을 끌어내어 전면적인 압박으로 상대를 몰아치는 경기운영을 가능케 했다. 또한 히딩크 감독의 과학적이고 체계적이며 꼼꼼한 분석 및 팀 운영은 선수들로 하여금 신뢰를 최대한 이끌어내게 했다. 이 모든 것이 복합적으로 조화를 이룸에 따라 팀의 응집력은 강해졌고, 결과적으로 월드컵 4강의 성과를 쟁취할 수 있었다. 당시의 대한민국은 축구 경기력을 결정하는데 있어 심리적 요인이 얼마만큼 크게 작용할 수 있는지 뚜렷히 보여주었다. ※

선수 학부모 감독 코치에게
강력하게 추천하는
140 권의 책

【축구 개인기 지도】

1. 축구 아는 만큼 보인다 / Editorial 엮음 / 아이세움

2. 공도 축구도 둥글더라 / 박경호 지음 / 미래를 소유한 사람들

3. 축구코칭론 / 김기호 지음 / 도서출판 두남 (2부. 구체적인 경기력 향상 방안
   에 특히 주목)

4. 신태용의 축구교실 킥 / 김기호 지음 / 예림기획 (킥만 담은 킥 관련 전문서)

5. 마라도나의 슈퍼축구 / 마라도나 / 행림출판

6. 축구 동영상 교재 1 ~ 5 / 대한축구협회 / 대한미디어

7. 축구 이론 총서 1 ~ 5 / 대한축구협회 / 대한미디어

8. 꿈은 이루어진다 축구강국 유소년 훈련서 1 ~ 8 / 대한축구협회 / 대한미디어

9. 알기 쉬운 축구 지도법 / 박경화 지음 / 축구와 사람들

10. 킥 오프 / 김기호 지음 / 삼보출판사

11. 축구 / 이용수 외 / 도서출판 두남 (처음에는 읽기가 쉽지 않으나 깊이
    있는 책임)

12. 창의적인 발전을 위한 180 가지 개인기 훈련 / 한국축구지도자협의회 (비매품)

13. 골을 목표로 하는 공격축구 / 박경화 / 크리드에듀

14. 이기기 위한 전술과 팀 운영 전술축구 2 / 박경화 편저 / 비매품 (꼭 필요시
    연락주면 전화 번호 알려드리겠음)

15. 승부사 박종환의 특별한 축구 강의 / 박종환 / 시대의 창

16. 데이비드 베컴의 사커 스킬스 / 데이비드 베컴 / 물푸레

17. 마이클 오언의 축구교실 / 마이클 오언 / 삼호미디어

18. 2002 실전축구 기술 및 전술서 / 최은택 외 /21세기 교육사

19. 축구 최고의 게임을 위한 가이드 / 클라이드 기포드 / 다섯수레

20. 유소년 축구 / 축구발전연구소 / 내하출판사

21. 축구지도론 / 최병성 / 삼보출판사

22. GK 골키퍼 / 박경화 편역 / 아차 엘리트 축구클럽(비매품)

23. 골키퍼 지침서 / 박영수 지음 / 비매품

【축구선수 자서전, 평전】

1. 축구의 메시아 메시 / 루카 카이올리 / 중앙생활사

2. 최고의 순간 / 크리스티아누 호날두 / 랜덤하우스

3. 멈추지 않는 도전 / 박지성 / 랜덤하우스

4. 더 큰 나를 위하여 나를 버리다 / 박지성 / 중앙북스

5. 성공이 성공이 아니고 실패가 실패가 아니다 / 이영표 / 홍성사

6. 일기가 나를 키웠어요 / 여민지 / 명진출판

7. 황선홍, 그러나 다시 / 황선홍 / 중앙 M & B

8. 영원한 리베로 / 홍명보 / 은행나무

9. 세계적 스포츠 리더 55인의 성공 패스워드 / W J 오닐 / 지식의 날개

10. 실패를 두려워말고 1등에 도전하라 / 손현석 / 메가트렌드

【축구 평론】

1. 존 듀어든의 거침없는 한국축구 / 존 듀어든 / 산책

2. 사랑한다 내 꿈아 / 박문성 / 여우별

3. 풋볼 보니또 / 이승호 / 종이책

4. 축구, 그 빛과 그림자 / 에두아르도 갈레아노 / 예림기획

5. 축구와 하느님 나라 / 마크 크로스 / IVP

6. 영원이의 세계 축구 길라잡이 / 서영원 / 한숲

7. 유럽축구 유럽문화 1 / 서형욱 / 삼성출판사 (만화)

8. 축구란 무엇인가 / 크리스토프 바우젠바인 지음 / 민음인

9. 축구는 문화다 / 홍대선 손영래 지음 / 책마루

10. 축구장을 보호하라 / 정윤수 지음 / 사회평론

11. 공은 사람을 기다리지 않는다 / 최영미 / 이순

12. 왜 클럽축구가 더 재미있을까 / 육성호 지음 / 동아일보사

13. 우리는 왜 축구에 열광하는가 / 장원재 지음 / 경덕출판사

14. 축구는 어떻게 세상을 지배했는가 / 프랑클린 포어 지음 / 말글빛냄

15. 프리미어리그로 떠나다 / 최성욱 외 / 미래를 소유한 사람들

【성공한 감독 코치의 철학 및 일대기】

1. 조직을 성공으로 이끄는 존 우든의 리더십 / 존 우든 지음 / 이지북

2. 90분 리더십 / 데이빗 벌초버 지음 / JnB

3. 딘 스미스의 12 가지 리더십 / 딘 스미스 지음 / 한국인터넷서비스유한회사

4. 마이 웨이 / 거스 히딩크 지음 / 조선일보사

5. 퍼거슨 리더십 / 심재희 외 / 메가트랜드

6. 모든 가능성은 열려 있다 / 딕 아드보카트 지음 / 랜덤하우스

7. 어떤 인생 (김용식 평전) / 서기원 지음 / 명상

8. NBA 신화 / 필 잭슨 지음 / 한경 북스

9. 야신 김성근 꼴찌를 일등으로 / 김성근 지음 / 자음과 모음

【감독 코치가 읽어야할 책】

1. 훌륭한 교사는 무엇이 다른가 / 토드 휘태커 지음 / 지식의 날개

2. 지금 외롭다면 잘되고 있는 것이다 / 한상복 지음 / 위즈덤하우스

3. 10 대들의 사생활 / 데이비드 윌시 지음 / 시공사

4. 공부는 내 인생에 대한 예의다 / 이형진 지음 / 쌤 앤 파커스

5. 청소년은 왜 그렇게 행동할까 / 수잔 에바 포터 지음 / 교문사

6. 내 아이를 책으로 이끄는 법 / 임사라 지음 / 비룡소

7. 선생님도 전략 있어야 산다 / 이귀학 / 동서문화사

8. 먹히는 말 (단숨에 꽂히는 언어의 기술) / 프랭크 런츠 지음 / 쌤앤파커스

9. 신문을 읽는 기술 / 박상하 지음 / 스마트비즈니스

10. 성공하는 당신은 지금, 코칭을 합니다 / 김영수 지음 / 교보문고

11. 메이저리그 경영학 / 제프 엥거스 지음 / 부키

12. 스포츠팬을 잡아라 / 필립 코틀러 지음 / 지식의 날개

13. 감사의 힘 / 데브라 노빌 지음 / 위즈덤 하우스

14. 인간관계론 / 데일 카네기 지음 / 대교 리브로

15. 자아폭발 타락 / 스티브 테일러 지음 / 다른 세상

16. 경청의 힘 / 래리 바커 지음 / 위즈덤 하우스

17. 소통 / 박태현 지음 / 웅진윙스

18. 독서 천재가 된 홍대리 / 이지성 지음 / 다산 라이프

19. 실패하는 사람들의 10 가지 습관 / 도널드　R　키오 / 더난출판사

20. (당신의 가치를 10 배 올리는) 시간 투자법 / 카츠마 카즈오 지음 / 말글빛냄

21. 탁월함에 이르는 노트의 비밀 / 이재영 지음 / 한티미디어

22. 왜 학생들은 학교를 좋아하지 않을까 / 대니얼 윌링햄 지음 / 부키

23. 박철범의 공부 특강 / 박철범 지음 / 북스토리

24. 리더십 골드 / 존 맥스웰 지음 / 다산북스

25. 이제는 작은 것이 큰 것이다 / 세스 고딘 지음 / 재인

26. 내 몸 안에 숨겨진 비밀 해부학 / 사카이　다쓰오소 지음 / 전나무숲

27. 스포츠 닥터 / 조성영 지음 / 동아일보사

28. 우리 아이 수면 코칭 / 신홍범 지음 / 미래인

29. 아이의 완벽한 식생활 / 박태균 지음 / 중앙북스

30. 스트레칭 아나토미 / 아놀드 G 넬슨 지음 / 푸른 숲

31. 축구의학 / 이경태 지음 / 군자출판사

32. 축구장　잔디조성과 관리 / 고석구 지음 / 유천

33. 수퍼 멘탈 트레이닝 / 고즈마 요이치 지음 / 다산북스

34. 근력 트레이닝과 컨디셔닝 / 윤성원 외 지음　 / 대한미디어

35. 정진홍의 사람 공부 / 정진홍 지음 / 중앙일보사

36. 내 몸 사용 설명서 / 마이클 로이젠 지음 / 김영사

37. 코칭과학 / Rainer　Martens 지음 / 대한미디어

38. 뉴마인드 코칭론 / 김성복 역 / 대경북스

39. 코치론 / 강상조 외 / 대한미디어

40. 축구선수를 위한 과학적 트레이닝 / 신동성 외 / 체육과학연구원 (비매품)

41. 교수 학습과 교육공학 / 박숙희 외 지음 / 학지사

42. 체육 교수학습론 / 손천택 지음 / 보경문화사

43. 스포츠교육학 / 최의성 지음 / 무지개사

44. 축구코치학 / 오대성 역 / 태근

45. 재미있는 축구사전 / 강준막 편저 / 북카라반

【경영서】

1. 성공하는 기업들의 8 가지 습관 / 짐 콜린스, 제리 포라스 지음 / 김영사

2. 좋은 기업을 넘어 위대한 기업으로 / 짐 콜린스 외 지음 / 김영사

3. 이노베이터의 조건 / 피터 드러커 지음 / 청림출판

4. 변화 리더의 조건 / 피터 드러커 지음 / 청림출판

5. 프로페셔널의 조건 / 피터 드러커 지음 / 청림출판

6. 칭찬은 고래도 춤추게 한다 / 캔 블랜차드 지음 / 21세기북스

7. (행복한 고객을 만드는) 존 숄의 고품질 서비스 / 존 숄 지음 / 김영사

8. 먹는 장사에 실패는 없다 / 이대봉 지음 / 다산북스

9. 혁신이란 무엇인가 / 커티스 칼슨 외 / 김영사

10. 원칙 중심의 리더십 / 스티븐 코비 지음 / 김영사

11. 실행에 집중하라 / 래리 보시디 지음 / 21세기북스

12. 교사와 학생 사이 / 하임 기너트 지음 / 양철북

【전략전술서】

1. 한눈에 훑어보는 축구전략의 역사 1 / 이수열 지음 / JNC 커뮤니티

2. 현대축구의 전술, 알고 봐야 제대로 보인다! / 이형석 지음 / 사커라인

3. 한눈에 축구의 전략을 읽는다 / 이수열 지음 / 책이 있는 마을

4. 축구철학의 역사 / 조나단 윌슨 / / 리북

5. 이수열의 축구전술 리포트 / 이수열 지음 / 에세이 퍼블리싱

6. 완전정복 4 4 2 / 한국축구연구소 / 북젠 (비매품)

7. 축구의 수비전술 / 장 방스보 / 북젠 (비매품)

8. 축구 전술 필드 가이드 / 장 방스보 외 지음 / 보누스

9. 2002 기술보고서 / 대한축구협회 기술위원회 (비매품)

　　--- 매 월드컵 후 기술보고서 냄

【교양(선수가 읽어야할)】

1. 아버지의 신발 / 박원석 / 소금나무 (이 책 구해 자녀에게 전해주세요!!!)

2. 저 하늘에도 슬픔이 / 이희재 / 청년사 (만화, 이 책도!!!)

3. 우리들의 하느님 / 권정생 / 녹색평론

4. 어머니 저는 해냈어요 / 김규환 / 김영사

5. 진달래꽃 / 김소월 / 소담 (김소월 시집)

6. 시가 내게로 왔다 / 김용택 / 마음산책

7. 좁쌀 한 알 / 최성현 / 도솔

8. 맨발의 꿈 / 구경희 / 북스토리 (통티무르 유소년 대표팀 이야기)

9. 공부의 달인 호모 쿵푸스 / 고미숙 / 그린 비

10. 초가(草家) / 황헌만 지음 / 열화당

11. 가슴 뛰는 삶 / 강헌구 지음 / 쌤앤파커스

12. 20대 나만의 무대를 세워라 / 유수연 지음 / 조화로운 삶

13. 사람은 무엇으로 사는가 / 톨스토이 / 범우사

14. 중용 대학 / 차수환 역 / 범우사

15. 부모와 자녀 사이 / 하임 기너트 지음 / 양철북 --- 부모님에게 강추

16. 예수처럼 하라 / 밥 브리너 지음 / 비즈니스북스

17. 철학 카페에서 시 읽기 / 김용규 지음 / 웅진지식하우스